Stinkenberg
Kaisers-
werth
Ratingen
Märchenorte
Gewässer
Bauwerke
Stadtgrenze
Derendorf
Niederkassel
Düsseltal
Gerresheim
Rhein
Vennhausen
Bilk
Unterbach
Unterbacher See
Elbsee

Isa Herrmann
Frank Tewes

Das Düsseldorfer Märchenbuch

Sagen, Legenden und Märchen aus Düsseldorf neu erzählt

mit Illustrationen
von Gisela Specht

marzellen
verlag

Bibliografische Information der Deutschen Nationalbibliothek
Die Deutsche Nationalbibliothek verzeichnet diese Publikation
in der Deutschen Nationalbibliografie;
detaillierte bibliografische Daten sind im Internet
über http://dnb.de abrufbar.

2. Auflage

Umschlag und alle Illustrationen: Gisela Specht
Satz/Layout: Redaktionsbüro Tewes, Köln
Druck: Druckerei Florjancic, Maribor

Printed in EU.
ISBN 978-3-937795-75-1

www.marzellen-verlag.de

Inhalt

Es war einmal ...

Die Sagen, Legenden und Geschichten in Düsseldorf sind jahrhundertealt und doch zum Greifen nah. Immer wieder wurden sie im Volksmund weitererzählt und irgendwann aufgeschrieben. So zeigen sie eine wunderbare Sagen- und Erzählungswelt über die Jahrhunderte auf.

Die Schauplätze des „Düsseldorfer Märchenbuches“ könnt ihr auch heute noch besichtigen und dort viel über die Vergangenheit des jeweiligen Ortes erfahren. Am Ende jedes Märchens wird auf einem solchen Pergament erklärt, welche Orte aus den Geschichten ihr euch heute noch anschauen könnt. Jedes Märchen hat sein eigenes Symbol, das ihr auf dem Lageplan im Einband des Buches wiederfindet. So könnt ihr euch selbst auf Zeitreise begeben und den Spuren der Düsseldorfer Geschichten folgen.

Der erste Stadtplan von Düsseldorf

Die Sonne schien durchs Fenster und kitzelte die empfindliche Nase von Graf Adolf. So wurde er langsam wach. Er reckte und streckte sich ausgiebig. Lange Zeit hatte er nicht mehr so gut geschlafen. Das Bett war groß, die Matratze weich und neben ihm lag seine Frau, die ebenfalls langsam erwachte.

„Guten Morgen, meine Schöne, was für ein sonniger Morgen."

Noch etwas müde rieb sich Elisabeth den Schlaf aus den Augen. Das musste wahrlich eine erholsame Nacht für ihren Mann gewesen sein. So voller Tatendrang hatte sie ihn schon länger nicht mehr erlebt.

Graf Adolf saß auf der Bettkante und ließ die Füße baumeln. Elisabeth krabbelte an seine Seite und streckte den Kopf durch die Bettvorhänge. Damals waren die Betten größer, fast wie eigene kleine Räume, schwere Vorhänge schützten die Menschen vor eisiger Zugluft im Winter.

Gemeinsam ließen sie ihre Blicke durchs Zimmer schweifen. Was sie sahen, erfreute sie sehr. Der Boden war sauber, das Holz vor dem Kamin ordentlich geschichtet. In diesem loderte ein kleines Feuer. Trotz der warmen Temperaturen war die Luft im Frühjahr hinter den dicken Mauern kühl. Adolfs und Elisabeths Kleidungsstücke hingen ordentlich aufgereiht an Wandhaken. Der Tisch am Erkerfenster war gedeckt, ein reichhaltiges Frühstück wartete auf sie. Das frische Brot duftete köstlich. Es stand sogar ein Badezuber bereit. Der neue Tag begann fürstlich.

Graf Adolf steckte seine Füße in die kuscheligen Pantoffeln, die bereitstanden. Er erhob sich, griff ein Stück Brot, um dann neugierig einen Blick aus dem Fenster zu werfen.

„Elisabeth, das musst du dir anschauen", rief er begeistert. Gestern Abend bei ihrer Ankunft war es bereits dunkel gewesen, aber nun im Licht des Tages zeigte sich alles in klaren Bildern.

Die beiden schauten auf eine saubere und breite Gasse. Schmucke Fachwerkhäuser standen in Reih und Glied. Auf der Straße herrschte reges Leben. Offenbar gingen die Bewohner ihrem Tagwerk nach. Kinder spielten auf der Straße.

Elisabeth lehnte sich an Adolf und sagte: „Ist das schön und so sauber." Ganz in der Nähe lag der Rhein. Ein laues Lüftchen wehte, es roch frisch. Lachen und Gesang waren zu hören.

Die Düssel schmiegte sich wie eine Schutzmauer um das Dorf. Wassergräben waren gerade sehr modern, allerdings auch eine recht teure Angelegenheit. Hier jedenfalls waren sie vorhanden. Das war gut. Die Bewohner warfen ihre Netze im Fluss aus. Der Fang wurde frisch verwertet. Zum Schutz vor Hochwasser waren die Häuser auf Wälle gebaut.

„Hier möchte ich wohnen!"

Elisabeth rief aus, was der Graf dachte. Dieses „Düsseldorp" war wirklich ein schönes Fleckchen Erde. Geradezu ideal, um sich hier niederzulassen. Auf den ersten Blick konnten sich beide keinen besseren Ort für ihr weiteres gemeinsames Leben vorstellen.

Die Düssel bot Schutz vor Angriffen, eine zusätzliche Schutzmauer war schnell gebaut. Frisches Wasser war vorhanden, fruchtbares Ackerland gab es rings herum – wahrhaft ein guter Ort zum Leben und Arbeiten.

Nach dem Frühstück machten sich der Graf und die Gräfin daran, das Dorf zu erkunden, das ihnen so freundlich Obdach gewährt hatte. Auch aus der Nähe wirkte alles sehr sauber und aufgeräumt.

Graf Adolf hatte die Angewohnheit, die Größe einer Fläche mit Hilfe einer kleinen Sanduhr zu messen. Eine Sanduhrenlänge entsprach etwa einer heutigen halben Stunde.

Düsseldorp war perfekt – es brauchte etwa eine Sanduhr an Zeit, die Ortschaft zu umrunden. Gemeinsam mit Elisabeth schritt er über Erdwälle,

auf denen die Häuser standen. Die Düssel plätscherte fröhlich vor sich hin, und es wehte ein laues Lüftchen. Kurzum: Es war auch aus der Nähe betrachtet geradezu perfekt.

„Die Rittergasse, schau nur, wie eifrig die jungen Herren üben!“, nahm Graf Adolf das emsige Treiben zur Kenntnis. Auch die Liefergasse und die Altestadt wurden ihren Namen gerecht. Dem Grafen gefiel, was er sah. Hier konnte Großes wachsen. Eine Festung wie dereinst Alexandria, uneinnehmbar mit Wällen, starken Mauern und gewaltigen Türmen.

Dann nahm er sich ein Stück Holz, um darauf seiner Gemahlin seine Vorstellungen zu skizzieren.

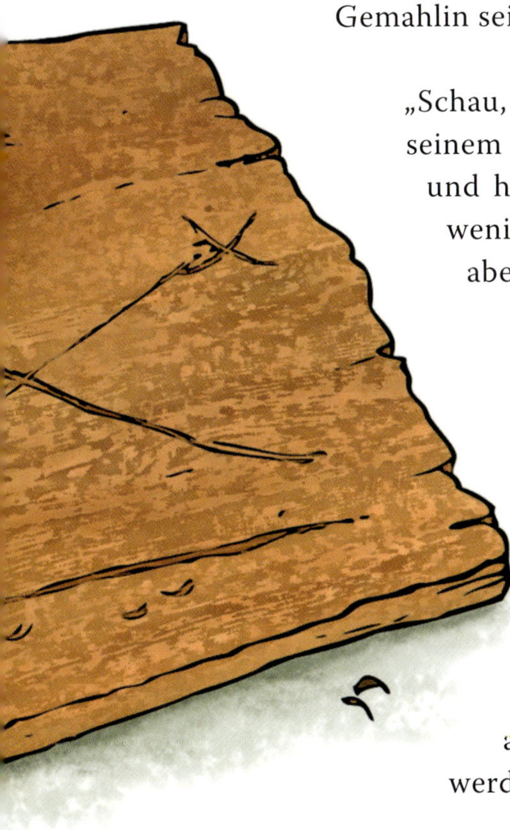

„Schau, die Liefergasse“, sagte er und kratzte mit seinem Messer den ersten Weg. „Die Rittergasse und hier die Altestadt.“ Elisabeth zeigte sich wenig beeindruckt: „Ja, das ist alles schon da, aber was ist nun das Großartige daran?“

„Hier und hier und hier sollen gewaltige Stadttore mit ihren Türmen erbaut werden“, erklärte Graf Adolf, indem er an diesen Stellen am Ende der Straßen Kreuze in das Holz schnitt. „Hier an der Ostseite müssen wir das Dorf stärker befestigen, vielleicht ein doppelter Graben. Sonst ist alles da.“ Die Gräfin runzelte die Stirn – alles gut und schön, aber es blieb noch immer die Frage: „Wo werden wir wohnen?“

Darüber hatte sich der Graf natürlich schon seine Gedanken gemacht. Den Platz hatte er gefunden. Er packte sein scharfes Remscheider Messer, die Klinge bohrte sich in das Holzbrett: „Hier, hier werde ich eine Burg erbauen, in der wir leben werden. Wir werden es hier sehr schön haben!“

Gesagt, getan. Das Brett wurde noch viele Jahre jedem Fremden gezeigt. Es wurde gewissermaßen zum „ersten Düsseldorfer Stadtplan“.

Als die Kölner davon hörten, mussten sie sich vor Lachen die Bäuche halten. Sie waren der Meinung: „So wenig, wie aus einem Stück Holz ein Baum wachsen kann, so wenig wird ein Dorf je zur Stadt werden.“ Doch sie behielten Unrecht: Das Dorf wuchs über die Jahrhunderte. Heute erinnert lediglich das „Dorf“ im Namen daran, dass auch Düsseldorf einmal klein anfing und wuchs und wuchs und immer noch wächst.

Düsseldorf war bei seiner Stadterhebung kaum mehr als ein Dorf, das von Erdwällen und Gräben geschützt war. Allerdings war der Platz gut gewählt. Denn die Siedlung lag auf einer hochwassergeschützten Landzunge. Die Länge des in der Gründungsurkunde genannten Stadtgrabens betrug jedenfalls nur knapp 800 Meter. Das Stadtgebiet war mit 3,8 Hektar kaum größer als fünf Fußballfelder.

Zur Regierungszeit von Adolf V., also in etwa gegen Ende des 13. Jahrhunderts, werden für Düsseldorf zwei Steinhäuser und 300 bis 400 Einwohner vermutet. Die mit der Stadtgründung verliehenen Privilegien waren im Vergleich zu denen anderer Städte in der Umgebung nicht umfangreich und damit nicht besonders günstig. Hinzu kam die Konkurrenz zahlreicher benachbarter und bedeutenderer Städte wie Duisburg, Kaiserswerth, Ratingen, Neuss und der europäischen Metropole Köln.

Die Düsseldorfer Radschläger

„Raus aus den Federn!", rief Marie laut ins Zimmer. Sie sprang in die Kammer und zog ihrer Schwester Hermine eilig die Bettdecke weg. Draußen schien die Sonne vom Himmel, es war warm und die Vögel zwitscherten ihre Lieder.

„Lass mich in Ruhe!", maulte Jacobe und holte sich ihr Federbett zurück. Verschlafen zog sie die großen Vorhänge an ihrem Bett wieder zu und verkroch sich unter den Daunen.

„Schwesterherz, heute ist dein Hochzeitstag. Das ist aufregend", warf Marie ein.

„Gar nichts ist aufregend, ich will nicht heiraten", antwortete Hermine.

Marie verstand die Welt nicht. Heiraten war doch wirklich toll. Auf Hermine warteten eine eigene Burg, ein eigener Hofkoch, eine eigene Friseurin und viele weitere eigene Dienstboten. Sie konnte jetzt als künftige Herrin im Haus schalten und walten, wie sie wollte. Und dieser Johann Wilhelm war doch alles in allem gar nicht so hässlich. Es hätte sie deutlich schlimmer treffen können.

Heiraten war damals keine Herzenssache, sondern es galt, die Interessen der Familie zu wahren. Und Hermine sollte diesen Johann Wilhelm vor allem deswegen heiraten, weil die Ländereien beider Familien gemeinsam besser zu bewirtschaften und zu verteidigen wären. Übrigens: Gesehen hatte sie ihren zukünftigen Gemahl noch nicht, nur ein Bild kannte sie von ihm. Aber das war kein Foto wie heute. Damals gezeichnete Bilder konnten schon mal eine Wirklichkeit vorgaukeln, die es so nicht gab – ganz wie heute mit „Photoshop".

„Ich will nicht, ich kenn den nicht mal. Was ist, wenn der keine Zähne, aber einen ganz dicken Bauch hat?“, jammerte Hermine. Die ersten Tränen kullerten über ihr Gesicht.

„Ach du schon wieder, du übertreibst! Der Johann soll ein ganz netter Kerl sein“, erwiderte Marie.

„Hermine – du bist ja immer noch nicht angezogen! Nun aber schnell, die Kutsche steht zur Abfahrt bereit“, rief ihre Mutter, die gerade mit ihrem alten Brautschleier über dem Arm zur Tür hereinkam. Da blieb keine Zeit mehr zum Klagen: Schnell wie der Blitz wurde die Braut geschmückt und zur Abfahrt bereit gemacht. Marie durfte zu ihrer Schwester in die Kutsche der Braut.

Die Hochzeitsgesellschaft setzte sich in Bewegung. Der Brautkutsche folgten die Brauteltern, Hofdamen und schmucke Ritter in schimmernden Rüstungen. Was war das nur für ein festlicher Aufzug? Bunte Wimpel flatterten im Wind, von den Burgmauern schmetterten die Fanfaren einen Abschiedsgruß. Am Wegesrand standen die Bewohner und winkten der jungen Braut zu. Vielleicht war Heiraten doch keine so schlechte Idee, dachte Hermine.

Staunend und neugierig ließen die Schwestern ihren Blick über die Landschaft gleiten. Stille. Am Horizont war Düsseldorf zu sehen. Jetzt wurde Hermines Miene immer ängstlicher. Zweifelnd kniff sie die Lippen zusammen. Was wäre, wenn ihre schlimmsten Befürchtungen über diesen Johann Wilhelm wahr wurden?

Die Straßen von Düsseldorf säumten viele Menschen. So einen prächtigen Hochzeitszug sah man schließlich nicht alle Tage. Die Kinder sprangen aufgeregt umher. Doch Hermines Blicke wollten nicht zu der heiteren Stimmung passen. Die Leute begannen zu tuscheln. So eine traurige Braut hatte man lange nicht gesehen. Was für ein Jammer. Dabei war Johann Wilhelm doch einer von ihnen – überall beliebt und immer gern gesehen.

Das wäre eine schöne Bescherung, eine Hochzeit sollte doch eine freudige Angelegenheit sein und keine traurige.

Der kleine Jakob überlegte nicht lange: Er sprang lustig neben der Kutsche her und wollte so die Braut aufmuntern. Doch so richtig wollte das nicht helfen. Da erinnerte er sich an die Gaukler vom letzten Jahr, die hatten so lustig Räder und Purzelbäume geschlagen, dass sich alle vor Lachen die Bäuche halten mussten. Jakob winkte seinen Freunden zu und begann ein Rad nach dem anderen zu schlagen. Die anderen Kinder lachten und machten mit.

Neugierig streckte Marie ihren Kopf aus dem Fenster. „Sieh' nur, Hermine. Die Kinder tanzen für dich", rief sie.

Da schaute auch Hermine durch das Fenster der Kutsche. In diesem Moment purzelten viele Kinder über den Weg, um die Kutsche herum und schlugen Rad. Hermine konnte sich das Lachen nicht verkneifen. Sie ließ sich von der fröhlichen Stimmung anstecken und begann zu lachen. Na endlich, Marie war erleichtert. Die radschlagenden Kinder hatten ein kleines Wunder vollbracht. Dankbar zückte Hermine ihre Börse und warf Kupferstücke in die Menge. Die Brauteltern in der nachfolgenden Kutsche wurden vom Trubel erfasst, hörten das glockenhelle Lachen ihrer Tochter und taten es Marie nach. Ein wahrer Geldregen ergoss sich über die Kinder.

So nahm Johann Wilhelm eine strahlende Braut in Empfang, und es wurde ein großartiges Fest. Bis heute schlagen die Düsseldorfer Kinder Rad und veranstalten sogar einmal im Jahr einen Wettbewerb dazu.

Die Entstehung des Brauchs kann nicht an einem einzigen historischen Ereignis festgemacht werden. Vielmehr ranken sich mehrere Geschichten um den Beginn der Düsseldorfer Radschläger.

Die wohl bekannteste Variante ist die um die Schlacht bei Worringen. Graf Adolf V. von Berg hatte in der Schlacht 1288 den Kölner Erzbischof vernichtend geschlagen. Als eine Folge des Sieges erhielt Düsseldorf die Stadtrechte. Die Einwohner und vor allem die Kinder seien vor Freude auf die Straßen gelaufen und hätten Räder geschlagen.

Eine andere Erzählart handelt von einem Hochzeitszug, bei dem an der Hochzeitskutsche ein Rad gebrochen sei. Um das drohende Unglück abzuwehren, sei ein Junge zur Kutsche gesprungen, habe das Rad festgehalten und sei somit zum lebenden Kutschrad geworden.

Eine weitere Abwandlung nimmt die Hochzeit von 1585 der Markgräfin Jacobe von Baden mit Johann Wilhelm auf. Sie soll über ihre Heirat sehr unglücklich gewesen sein, aber die Radschläger, die neben ihrer Kutsche ihr Können zeigten, haben sie der Erzählung nach zum Lächeln bringen können.

Radschlagen ist grundsätzlich als Ausdruck der Freude fester Bestandteil der Traditionspflege der Landeshauptstadt Düsseldorf. Ein Radschlägerturnier findet seit 1937 jedes Jahr im Juni statt. Der Austragungsort ist auf der „Unteren Werft" am Rhein, südlich der Bastei Schulstraße/unterhalb der Rheinpromenade. Titelsponsor ist die Stadtsparkasse Düsseldorf.

Der Teufel und der Retter von Sankt Lambertus

Voller Zorn saß der Teufel in seinem großen Gewölbe und tobte: „Schon wieder ist ein Plan in die Grütze gegangen! Dabei war er idiotensicher! Wie konnte das bloß passieren?“

Ein Feuerschwall entwich seinem Mund und hätte beinah das Abendessen verbrannt, das noch unberührt vor ihm stand.

Schon von Anbeginn an hegte der Höllenfürst einen tiefen Hass auf die Kirche von Sankt Lambertus in Düsseldorf. Der Kirchturm ragte ihm mit seinen 70 Metern viel zu stolz in den Himmel empor, so dass er weithin sichtbar war. Er erinnerte den Teufel jeden Tag aufs Neue an den großen Zusammenhalt der Gläubigen mit Gott und den Reichtum der Gemeinde. Das passte ihm ganz und gar nicht, sollten doch alle Huldigungen und Reichtümer ihm gelten.

Außerdem hatte der Beelzebub ganz andere Pläne mit dem Gotteshaus: Er wollte daraus einen Ort der Sünde und des Lasters schaffen. Hier sollten zukünftig nur noch Partys gefeiert und nicht mehr zu Gott, sondern zu ihm, dem Satan, gebetet werden. Von hier aus wollte er höllisch über die Welt regieren.

„Weißt du, was ich jetzt geplant habe?“, fragte er eines Tages seinen treuen Diener Tunichtgut, nachdem er sich mal wieder maßlos über die ewigen Gottesdienste aufgeregt hatte.

Der Diener zuckte nur stumm mit den Schultern, wollte sein Herr doch wie gewöhnlich nicht ernsthaft eine Antwort auf seine Frage.

„Der will doch bloß wieder einen hirnrissigen Plan bequatschen", dachte Tunichtgut, setzte aber ein interessiertes Gesicht auf und dachte an das vorzügliche Essen, das seine Frau gerade für ihn zubereitete.

„Ich werde Zwietracht unter den Leuten säen", rief Satan und klatschte begeistert in die Hände. „Neid, Hass, Gier und Selbstsucht wird ihr tägliches Brot im Miteinander sein. Das wird sein, als wäre der Deckel von der Hölle geflogen. Die Düsseldorfer werden sich so stark entzweien, dass sie sogar vor Gott flüchten und das Gotteshaus aufgeben werden!"

Der Satan schaute seinen Diener erwartungsvoll an, so dass dieser gar nicht anders konnte, als zaghaft zu applaudieren. „Schon wieder so eine blöde Idee, die nicht klappen wird“, dachte er und verdrehte genervt die Augen.

Doch dieses Mal sah alles danach aus, als ob Tunichtgut sich geirrt hätte.

Der Höllenfürst machte sich sofort an die Arbeit. Das Herz ging ihm auf, als er sah, wie seine Saat von Neid und Missgunst aufging. Der Streit unter den gläubigen Düsseldorfern war so heftig, dass er viele Jahre dauerte.

Der Fürst der Finsternis wähnte sich schon am Ziel seiner Träume – bald wäre das Gotteshaus seine neue Residenz!

„Und jetzt das!“, schäumte es nun aus seinem Mund, und er stampfte wütend mit dem Pferdefuß auf den Boden, dass die Wände wackelten. „Da vertragen sich diese Gottesgläubigen nach so langer Zeit. Als wäre nie was gewesen, schließen sie sogar Frieden!“

In seiner Enttäuschung umrundete er ein ums andere Mal das immerwährende Fegefeuer und spuckte dabei Feuer, Gift und Galle.

Auf diesen Runden, die er von nun an tagein, tagaus drehte, nahm sein Groll höllische Ausmaße an. Aber kein neuer Plan schien dem Beelzebub geeignet, dem friedlichen Treiben der Gläubigen ein Ende zu setzen. Er wollte beinahe aufgeben, da ...

„Fürst der Finsternis“, meldete Tunichtgut eines Tages seinem schwarzen Gebieter auf dessen üblichem Gang. „Jetzt kommen tatsächlich noch viele Fremde, um in der Kirche zu den Gebeinen des Heiligen Apollinaris zu beten!“

Das war eindeutig zu viel! Vor Zorn über diese Entwicklung stolperte der Teufel über seinen Pferdefuß und wäre beinah selbst im ewigen Feuer gelandet, hätte Tunichtgut ihn nicht in letzter Minute am teuflischen

Schwanz zu fassen bekommen und festgehalten. Aber statt eines Dankes brüllte der Herr der Unterwelt stocksauer: „Tunichtgut, du Trottel! In Dreiteufels Namen, kannst du denn nicht aufpassen?“

Eine gefährliche Stille durchzog das Gewölbe, so dass der erschreckte Diener aus Angst vor einer Bestrafung zu zittern begann. Aber der Satan hatte ganz andere Gedanken. Donnernd fuhr er fort: „Tod und Teufel“, wobei seine Augen gespenstisch rot aufleuchteten. „Darauf hätte ich schon längst kommen können!“

Ein diabolisches Gelächter folgte, dessen Echo an den Wänden der Gewölbe schaurig wiederhallte.

„So muss sich das Ende der Welt anhören“, dachte Tunichtgut, und eiskalte Schauer liefen ihm über den Rücken.

„Ich werde die Kirche bis auf die Grundmauern abfackeln“, dröhnte der Satan weiter. „Dann habe ich zwar auch nichts mehr davon, aber diese mickrigen, unwürdigen Menschen sollen ein für alle Mal sehen, über welche Macht ich verfüge! Ich! Der Teufel!“

Beim nächsten Vollmond schlich sich der böse Höllenfürst gutgelaunt um Mitternacht auf den Kirchplatz und murmelte dabei dunkle Beschwörungsformeln vor sich hin:

„Kirche, Kirche, Dreck und Speck!
Kirche, geh weg! Kirche, geh weg!“

Und weiter: „Höllen-Hexer, komm herbei! Lass das ew'ge Feuer blitzen, dass nie mehr Menschen in der Kirche sitzen!“

Als er endete, schoben sich tiefschwarze Wolken vor den Mond, bis kein einziger Lichtstrahl mehr zur Erde fiel. Es wurde stockdunkel, und nur Sekunden später brach ein tosendes Gewitter los, als wäre tatsächlich der Deckel von der Hölle geflogen.

Ein greller Blitz, gefolgt von einem gewaltigen, unterirdischen Donner setzte den Kirchtum in Brand.

Der Leibhaftige machte einen Luftsprung. „Dank in die Gewitter-Hölle, dass die Hilfe kam so schnelle!“

Dann zog er sich in die Dunkelheit zurück. Von dort aus beobachtete er die herbeigeeilten Freiwilligen, die vergeblich versuchten, mit Eimern und Wasserspritzen den Turm zu retten. Aber der war zu hoch und drohte auf das Kirchenschiff zu fallen und Sankt Lambertus zu vernichten. Gerade so, wie es der Fürst der Finsternis geplant hatte.

Der teuflische Plan wäre auch aufgegangen, wenn nicht der Schlossermeister Josef Wimmer beherzt eingegriffen hätte.

Der stieg mutig, nur durch einen Zylinder geschützt und mit Axt und Säge bewaffnet, hinauf in die rauchende Brandhölle des Turmes. Während flüssiges Blei auf ihn tropfte und schwere Brandwunden hinterließ, sägte und hackte er unbeirrt die brennenden Balken heraus und verhinderte so, dass sich das Feuer weiter ausbreitete.

Als der Fürst der Finsternis das sah, tobte und schrie er, verwünschte die ganze Gemeinde und ihren Gott, und schwor höllische Rache.

Die Zeit zog ins Land, und die Turmspitze erstrahlte bald wieder in neuem Glanz.

Da machte sich der Bösewicht aus der Hölle eines Nachts erneut auf den Weg, um endlich sein damals begonnenes Werk zu vollenden. Er schlich unbeobachtet von den Düsseldorfern heimlich zur Turmspitze, brachte dort ein stabiles Seil an und versuchte dann mit aller Kraft, die Kirche aus den Grundfesten zu reißen und einstürzen zu lassen. Kräftig zerrte und riss er an dem Strick und spannte alle seine Muskeln an.

Aber seine Kraft reichte nicht aus. Ihm ging langsam die Puste aus, und die höllische Lunge hing ihm buchstäblich bald aus dem Leib. Auch seine fortwährende Beschwörung: „Erde reiße auf, verschlinge dieses Gotteshaus“ verhallte ungehört. Die Kirche stand unverrückbar in ihren Grundfesten verankert.

Allein die Turmspitze verbog sich bei der Aktion und nahm eine seltsame Krümmung an. Und so steht sie heute noch da – ein sichtbares Zeichen für die Niederlage des Teufels.

Als Wahrzeichen der Düsseldorfer Altstadt gilt seit jeher der schiefe Turm der Sankt Lambertus Kirche. Am 11. Januar 1815 schlug der Biltz in den Kirchturm ein. Nur der Geistesgegenwart von Josef Wimmer war es zu verdanken, dass nicht die ganze Kirche niederbrannte.

Bei dieser Heldentat hat seine Gesundheit gelitten, weil das von der Decke tropfende Blei durch den Zylinder drang und ihn schwer verletzte. Dafür gewährte ihm die Kirche eine lebenslange Rente. Noch heute wird der bleibesäte Zylinderhut in der Lambertuskirche aufbewahrt. Außerdem erinnert die Josef-Wimmer-Gasse an ihn. Eine Gedenktafel erinnert zudem seit 2015 an „den Retter der Kirche“.

Früher glaubte man, die unnatürliche Krümmung des Turms sei Teufelswerk. Heute sieht man bauliche Ursachen als den Grund dafür. Beim Bau der neuen Turmspitze wurde zu frisches Holz verwendet, das noch zu viel Restfeuchte enthielt. Durch die Trocknung verzog sich das Holz nach und nach und sorgte so für die Drehung des Turmes.

Der Hausgeist „In den sieben Brillen“

Im Gasthaus „In den sieben Brillen“ auf der Ratinger Straße führte ein Wirt einst ein gastfreundliches Haus mit einer guten Küche. Dieser Wirt hatte eine hinreißend schöne Tochter, die er sehr liebte und für die er nur das Beste wollte. Anna wurde zwar von vielen Männern umschwärmt, aber ihr Vater fand keinen passenden Schwiegersohn.

Da gab es zum Beispiel einen rothaarigen, buckligen Franzosen, der seinen Lebensunterhalt als Hausierer verdiente. Der kam natürlich als Schwiegersohn überhaupt nicht in Betracht. Aber der Hausierer hatte sich trotzdem unsterblich in Anna verliebt. Die aber beachtete ihn nicht, sondern wechselte jedesmal die Straßenseite, sobald sie den Buckligen sah. Diese sichtbare, sich immer wiederholende Abweisung machte den Franzosen so wütend, dass seine Liebe bald in Hass umschlug.

Außerdem umwarb der junge, fahrende Sänger Adalbert die schöne Wirtstochter. Hier bemerkte der Vater bald, dass die beiden sich heimlich verliebte Blicke zuwarfen. Deshalb war er in großer Sorge, dass seine Tochter auf diesen armen Schlucker hereinfallen könnte. Dieser Adalbert würde ihr bestimmt nur ein armes Leben bieten können. Und das wollte der Vater auf keinen Fall.

Um dem vorzubeugen, versprach der Wirt kurz entschlossen die Hand des Mädchens dem Düsseldorfer Stadtschreiber. Der war zwar um ein Vielfaches älter als sie, nicht besonders anziehend und bereits glatzköpfig, dafür aber reich und angesehen. Bei ihm würde es Anna gut ergehen, und sie würde niemals Not leiden müssen.

„Vater, wie konntest du mich bloß dem alten Kerl versprechen?“, fragte Anna aufgebracht, als er ihr seine Entscheidung mitteilte. „Jetzt bin ich verlobt, und alles was noch auf mich wartet ist eine schreckliche Ehe", schluchzte das Mädchen traurig.

„Ach was!", herrschte der Wirt sie an. „Der Stadtschreiber ist ein guter Mann, der sich im Gegensatz zu den jungen Burschen schon die Hörner abgestoßen hat. Bei ihm bist du sicher und gut versorgt. Und jetzt kein Wort mehr darüber! Versprochen ist versprochen!"

„Und wann soll die Hochzeit sein?", fragte Anna verzagt. Sie wusste, dass es kein Zurück mehr geben würde. Denn ihr Vater war ein Ehrenmann, der immer sein Wort hielt.

„Heute in acht Tagen. Schluss! Aus! Ende!", antwortete der Wirt patzig.

Was der Vater allerdings nicht wusste, als er seine Tochter verlobte: Sie hatte bereits seit einiger Zeit ein Liebesverhältnis mit Adalbert begonnen, den er so gar nicht als Schwiegersohn auserkoren hatte.

Nach diesem Tiefschlag durch ihren Vater lag Anna nun in ihrem Zimmer auf dem Bett und schluchzte herzzerreißend. Als sie sich beruhigte, ersann sie einen Plan: Jetzt blieb ihr und ihrem Liebsten nur noch die Flucht.

Drei Tage vor der anberaumten Hochzeit kam Adalbert von einer Sängerreise zurück und war wieder zu Hause. Hier erfuhr er von seiner geliebten Anna, was ihr Vater vorhatte.

„Das kann er doch nicht tun!", rief er in tiefer Verzweiflung.

Die beiden saßen auf einer Bank im Grünen, umarmten sich wie zwei Ertrinkende und vergossen viele Tränen.

Nach einer Weile löste sich die junge Frau aus den Armen ihres Freundes und sagte: „Mir ist etwas eingefallen, wie wir für immer zusammenbleiben können."

„Wie soll das denn gehen?“, fragte der Sänger mutlos.

„Wir machen uns aus dem Staub“, antwortete sie beherzt und lächelte ihn an. Aber so unverzagt, wie sie ihn anblickte, fühlte sie sich nicht. Es betrübte sie nämlich, dass sie ihren geliebten Vater derart hintergehen musste. Aber der hatte ihr keine andere Wahl gelassen.

„So soll es sein!“

Der Sänger merkte, wie die Verzweiflung langsam aus ihm wich und er wieder froh wurde. „Wir werden morgen mit dem ersten Postwagen fliehen!“

Sie fielen einander in die Arme und küssten sich. Dann gingen sie auseinander, um für ihre Flucht zu packen.

Als die Luft rein war, kam der bucklige Franzose hinter einem nahegelegenen Gebüsch hervor. Er hatte den Plan der Liebenden belauscht. Hämisch grinsend dachte er: „Euch beiden werde ich die Suppe gründlich versalzen.“ Und er rieb sich die Hände. Er freute sich darüber, dass er endlich einmal zur richtigen Zeit am richtigen Ort gewesen war. Jetzt konnte er sich endlich dafür rächen, dass die Wirtstochter ihn immer wieder verschmäht hatte.

Wenig später klopfte der Franzose an das Küchenfenster im Hof des Wirtshauses. Der Wirt öffnete das Fenster und fragte ungehalten: „Was willst du?" Ohne eine Antwort abzuwarten fügte er vorsichtshalber hinzu: „Ich kaufe nichts!"

„Auch keine Information, die für dich von hoher Bedeutung ist?"

Der Bucklige kam näher und flüsterte leise: „Es geht um deine Tochter!"

Da wurde der Wirt hellhörig. „Wie viel?", fragte er und machte mit den Fingern die typische Geldbewegung. Er wusste, dass der Franzose sonst niemals mit der Wahrheit herausrücken würde.

„Kostenlose Mahlzeiten für ein Jahr." Nachdem der Bucklige das ausgesprochen hatte, meldete sich zwar das schlechte Gewissen, aber ihm lief bereits das Wasser im Mund zusammen. „Ein Jahr keinen Hunger leiden zu müssen rechtfertigt jeden Judaslohn", dachte er, um die Gewissensbisse zu übertünchen.

Ohne lange zu fackeln stimmte der Vater zu und winkte den Verräter in die Küche. Hier erfuhr er, dass Anna und Adalbert bereits ein Paar waren und einen Fluchtplan geschmiedet hatten.

Als der Wirt das hörte, schickte er eilig den Hausierer fort und rauschte zum Zimmer seiner Tochter. Die war gerade dabei, eine Reisetasche zu packen. Dabei sang sie ein munteres Lied, verstummte aber schlagartig, als die Tür aufging und ihr Vater plötzlich in der Tür stand.

„Ich habe gehört, du willst mit dem fahrenden Sänger durchbrennen, du undankbares Geschöpf!", schrie der Vater außer sich vor Wut.

„Aber du wolltest mich unter Zwang verheiraten...", versuchte die Tochter sich zu erklären. Der Vater drehte sich daraufhin wortlos um, zog den Zimmerschlüssel aus dem Schloss und verriegelte die Tür von außen.

„Wir werden ja sehen, wer hier der Herr im Hause ist und das Sagen hat“, war der letzte Satz, den Anna von ihrem Vater hörte.

Niedergeschlagen warf sich die junge Frau auf das Bett und weinte.

Da streichelte eine Hand über ihr Haar, und eine Stimme sagte: „Weine nicht, für dich steht alles zum Besten. Sei morgen früh einfach bereit.“ Gute Seele, ein Hausgeist, der immer treu über das Mädchen wachte, hatte sich ihrer erbarmt und würde helfen. Jetzt konnte sie zufrieden einschlafen.

Als Adalbert sehr früh am nächsten Morgen ins Haus des Wirtes schlich, lag es noch in tiefem Schlaf. Der Sänger ging die Treppen zur Kammer seiner Liebsten hinauf, um sie abzuholen. Aber als er versuchte, die Tür zu öffnen, fand er sie verschlossen.

„Dreh' dich nicht um“, flüsterte eine Stimme hinter ihm. „Geh' in den Weinkeller und schau' ins rechte Weinregal. Dort wirst du einen Ersatzschlüssel finden.“

Gehorsam folgte er der Stimme. Und tatsächlich – am angegebenen Ort fand der Sänger den Schlüssel.

Leise trat er den Rückweg an und öffnete behutsam die Zimmertür. Sogleich fiel ihm seine Anna in die Arme, legte aber gleichzeitig den Finger auf seinen Mund. „Nachhher“, flüsterte sie. Und nur Sekunden später hatten sie das Haus verlassen und liefen zur Postkutsche.

Bevor sie einstiegen, nahm die junge Frau ihren Adalbert zur Seite, um ihm ein Versprechen abzunehmen: „Schwöre, dass wir binnen dreier Monate zurückkehren, um uns mit meinem Vater zu versöhnen.“

„Ich schwöre hoch und heilig“, versprach der Sänger und hob die Finger zum Schwur. Dann bestiegen sie frohen Herzens die Kutsche.

„Eine Frage habe ich allerdings noch“, sagte er. „Wer hat mich eigentlich zum Ersatzschlüssel geleitet?“

Das Mädchen lachte. „Das war Gute Seele, unser Hausgeist. Er beschützt mich, seit ich denken kann. Er hat aber für seine Hilfe zur Bedingung gemacht, dass wir uns in drei Monaten mit Vater versöhnen.“

Und so geschah es. Drei Monate später war der Vater glücklich, die beiden bei sich zu haben und spendierte die größte Hochzeit, die „In den sieben Brillen“ je gefeiert wurde.

Das Haus in der Ratinger Str.aße 3 hieß im 17. und 18. Jahrhundert „Zur blauen Hand“ und gehörte einer adligen Offizierfamilie. Erst 1813 wurde auf dem Grundstück, das sich bis zur Ritterstraße erstreckte, eine Gastwirtschaft und Branntweinbrennerei eingerichtet.

Im Gasthof wurde nicht bloß für gutes Essen und saubere Betten, sondern auch noch für andere Bedürfnisse der Gäste gesorgt. So befand sich in der Gasse, die die beiden Straßen miteinander verband, ein „Häuschen“ mit siebenfacher Sitzgelegenheit. Von diesem Häuschen erhielt der Gasthof im Volksmund den Namen „En de sibbe Brelle“ – also: „In den sieben Brillen“.

Speck und Erbsen

Kurfürst Johann Wilhelm, den jeder nur Jan Wellem nannte, verirrte sich einst auf der Jagd im Königsforst zu Bensberg. Er war ganz alleine einem kolossalen Wildschwein gefolgt und hatte dabei vor lauter Jagdeifer nicht mehr auf den Weg geachtet. Jetzt stand er inmitten von Bäumen und schaute sich ratlos um, aber nichts kam ihm bekannt vor. Stundenlang ging er bergauf, bergab, und der Weg wollte kein Ende nehmen. Mittlerweile wurde es Nachmittag, und er bekam einen derben Hunger. Aber kein Haus war in Sicht, in dem er rasten konnte.

Also träumte er auf der weiteren Suche nach dem richtigen Weg von einem deftigen Gänsebraten mit Rotkohl und Klößen. Leider half das auch nicht gegen den knurrenden, leeren Magen.

Da! Urplötzlich riss ihn ein Geräusch aus seinen Phantasien, und vor ihm tauchte wie aus dem Nichts der Keiler auf, den er so eifrig verfolgt hatte.

Das Wildschwein sah mächtig gefährlich aus, wie es so angriffslustg vor ihm stand. Also zog Jan Wellem es vor, erst einmal hinter den nächsten Baum zu springen. Dort landete er in einem riesigen Erdhaufen. Das war Rettung in letzter Minute, denn das gewaltige Tier setzte sich gerade in seine Richtung in Bewegung.

Schnell griff der Kurfürst nach dem Gewehr und zielte auf das Tier. Mit diesem Prachtkerl würde er die ausgesetzte Trophäe dieser Jagd mit Sicherheit gewinnen! Der Finger am Anzug krümmte sich im Zeitlupentempo.

„Jetzt bloß nicht den Schuss verreißen“, dachte Jan Wellem, weil er an vielen Stellen seines Körpers seit einiger Zeit ein unbequemes Jucken verspürte. Aber gerade als er den Abzug gänzlich durchziehen wollte, hielt er es nicht mehr aus, sprang wie von der Tatantel gestochen auf und ließ das Gewehr fallen. Er hoppste wie wild herum und versuchte verzweifelt, durch heftiges Klopfen die kribbligen Ameisen aus seiner Kleidung zu vertreiben. In deren Behausung war er nämlich nach seinem Sprung gelandet, ohne es zu bemerken. Die kleinen Krabbeltiere hatten es sich überall auf ihm bequem gemacht.

Der Keiler stoppte und schaute den herumhüpfenden Kürfürsten verwundert an, ohne zum Angriff überzugehen. So ein Anblick war ihm bestimmt noch nicht untergekommen. Jetzt standen sie sich gegenüber – Auge in Auge – und jeder schien darauf zu warten, was der andere zu tun gedachte. Aber nach kurzer Zeit wurde dem Wildschwein das Spiel zu langweilig, es drehte sich einfach um und verschwand auf Nimmerwiedersehen im Wald. Was wollte der Keiler auch mehr, schließlich hatte er sein Leben behalten.

Jan Wellem atmete tief durch, denn er hatte doch auch soeben einer großen Gefahr getrotzt. Hastig befreite er sich vom Rest der ungebetenen Gäste in seinen Kleidern. Dann machte er sich erneut auf den Weg. Es war beinahe Abend, und der Hunger quälte ihn nun so stark, wie er es zuvor noch nie in seinem Leben kennengelernt hatte.

Einige Zeit ging der Kurfürst noch weiter bergauf, bergab, bis er in der Ferne ein Licht flackern sah.

„Da müssen Leute wohnen", dachte er und beschleunigte seinen Schritt. Schließlich kam er völlig ermattet an einem Bauernhaus an und klopfte.

Eine alte Frau öffnete. „Wie kann ich euch helfen, Jägersmann", fragte sie freundlich. Sie erkannte den Kurfürsten nicht, weil er seine Jagdkleidung trug.

„Guten Abend, gute Frau", sagte Jan Wellem, gab sich aber nicht zu erkennen. Er liebte es, unerkannt mit seinen Untertanen zu plaudern.

„Ich habe mich verlaufen, bin hungrig und brauche ein Dach über dem Kopf für die Nacht“, sagte er.

Die Bäuerin führte ihn in die Küche und bot ihm einen Platz an. Es roch nach Speck und Erbsen – ein Eintopf, den die Frau gerade zubereitete. Den gab sie ihrem Gast zusammen mit einem Haferbrot. Miesepetrig schaute der Kurfürst den Eintopf an und dachte an Gänsebraten mit Rotkohl und Klößen, den er sich am Mittag erträumt hatte. „So ein einfaches Arme-Leute-Essen ist nicht nach meinem Geschmack“, dachte Jan Wellem. „Aber der Hunger treibt' s rein.“

Missmutig nahm er den ersten Löffel zusammen mit dem gebackenen Brot zu sich, und schon ging ein Strahlen über sein Gesicht. Noch nie hatte ihm eine Speise so gut geschmeckt. Dagegen konnte die gesamte Fürstenküche einpacken.

Am nächsten Morgen kehrte er wohlgemut zurück in sein Schloss nach Düsseldorf. Aber selbst die feinsten und teuersten Speisen, die er nach seiner Rückkehr zu essen bekam, schmeckten ihm nur noch öde und fad.

Eines Tages hatte er diese geschmacklosen Menüs satt. Er warf nach einer Mahlzeit angewidert das Besteck auf den Tisch und rief: „Ich will Speck und Erbsen! Das ist das köstlichste Essen auf der ganzen Welt!“ Vorsichtig tupfte er sich den letzten Tropfen Soße aus dem Bart und fügte an: „Und natürlich Haferbrot!“

Der Küchenchef gab sich zwar alle erdenkliche Mühe, den Eintopf und das Brot zur Zufriedenheit des Kurfürsten herzustellen, aber jedes Mal kam das Essen beinah unberührt zurück mit der Botschaft: „Das schmeckt überhaupt nicht! Das kann die Bäuerin sehr viel besser!“

Schließlich hatte Jan Wellem eine glorreiche Idee: Er ließ einfach die Bäuerin im fürstlichen Wagen aus dem Bensberger Forst abholen. Sie sollte hier auf seinem Schloss in Düsseldorf exakt die Speise zubereiten, die ihm bei ihr zu Hause so köstlich gemundet hatte. „Und sie soll bloß nicht das Haferbrot vergessen“, rief der Kurfürst dem Boten nach.

All dies geschah nach seinem Wunsch.

Jetzt saß der Kürfürst aufgeregt an seiner Tafel und freute sich auf das Gericht der Bäuerin, das ihm jeden Augenblick serviert werden würde. Ihm lief schon das Wasser im Mund zusammen, und er konnte es kaum noch erwarten.

Da ging die Tür auf, und der bekannte, köstliche Duft umhüllte ihn. Speck und Erbsen mit Haferbrot – was für ein Hochgenuss!

Voller Freude, ja fast gierig, fiel er über das ersehnte Gericht her. Aber die Freude fiel schon nach ein paar Bissen Brot und einigen Löffeln Eintopf wie ein Kartenhaus in sich zusammen. Das Gericht, das die Alte zubereitet und das Haferbrot, das sie mitgebracht hatte, schmeckten ihm ebensowenig wie alle Versuche, die sein eigener Leibkoch ihm vorgesetzt hatte.

Achtsam legte Jan Wellem das Besteck beiseite und trank gedankenverloren einen Schluck Rotwein. Dabei kam ihm der erhellende Gedanke: „Dass mir das Gericht jetzt nicht ebenso gut schmeckt wie damals in Bensberg liegt allein daran, dass mir hier die wichtigste Zutat fehlt. Und die kann weder die gute Alte noch der Küchenchef herbeizaubern: den Hunger."

Denn der Hunger allein hatte die Speise so herzhaft gewürzt.

Ob der Kurfürst jemals Speck, Erbsen und Haferbrot gegessen hat, ist nicht belegt. Sicher hingegen ist, dass er regelmäßig im Gasthaus „En de Canon" in der Düsseldorfer Altstadt, Zollstraße 7, eingekehrt ist. Hier hat er seinen Rotwein, gemischt mit Wasser aus der Jan-Wellem-Quelle, getrunken.

Und es gibt ein Sprüchlein aus dem Bergischen, das auch in die Stadt Jan Wellems seinen Einzug gehalten hat:
„Wer sich vor Arbeit nicht tut schrecken,
dem wird's wie dem Jan Wellem schmecken."

Der Jäger und die wilde Anne

Kurfürst Jan Wellem zu Düsseldorf war ein kluger Herrscher. Jeden Montag berief er im Hofsaal eine Sitzung ein, die sich nur mit der Stimmung, der Zufriedenheit und dem Glück seiner Untertanen beschäftigte. Was bekam er da nicht alles von seinen Höflingen zu hören:
„Das Volk liebt euch, erlauchter Herr ..."
„Jeder hat genug zu essen. Keiner muss hungern, gnädiger Herr ..."
„Das ganze Volk ist zufrieden, eure Hoheit ..."

Die Speichellecker wurden nicht müde, das ganze völkische Leben schön zu färben. Aber Jan Wellem war nicht dumm. Er konnte sich kaum vorstellen, dass niemand den Hauch einer Kritik hegte. Eines Tages hatte er es satt. Als die Höflinge wieder einmal beschrieben, dass der Himmel für das Volk nur voller Geigen hing, unterbrach er die Lobhudelei harsch.

„Das klingt alles zu schön, um wahr zu sein! Gibt es denn nicht das klitzekleinste Fitzelchen an Unzufriedenheit oder Kritik der Untertanen an der Regierung?", fragte er ungläubig in die Runde.

„Nein! Nie!", ertönte es von den Anwesenden beinah wie aus einem Munde.

Daraufhin beendete der Kurfürst das sinnlose Geschwätz und fasste einen Plan: „Ich muss selbst zu den Menschen gehen um zu erfahren, wie es mit ihnen steht", dachte er.

Aber das konnte Jan Wellem natürlich nicht als Herrscher tun. Seine Untertanen würden ihm dann wahrscheinlich nicht die Wahrheit sagen, sondern nur den höfischen Respekt erweisen. In dem Fall wäre ihre Rede für ihn genauso nutzlos wie die Schönfärberei der Höflinge. So würde er nie erfahren, wo Missstände lagen, ob die Gesetze eingehalten wurden und ob alle ihren Pflichten nachkämen.

Also begann er als Bauer, Händler oder Jäger verkleidet auf die Märkte und über die Landstraßen zu ziehen, um sich ein eigenes Bild zu verschaffen. Daran hatte er mächtigen Spaß, war es doch eine gelungene Abwechslung zum steifen Hofleben. Außerdem liebte er die überaus ungezwungenen Unterhaltungen mit dem Volk. Offen und freundlich erwarb er sich im Gespräch das Vertrauen seiner Untertanen.

An einem schönen Sommermorgen entschloss sich der Kürfürst, als Jäger verkleidet fern der Stadt nach dem Rechten zu sehen. Er wanderte meilenweit, bis er kurz vor Ratingen auf einen Bauern traf, der mit der Roggenernte beschäftigt war.

„Guten Morgen, lieber Freund“, sagte Jan Wellem.

„Ebenso guten Morgen, Jägersmann“, erwiderte der Bauer dessen Gruß, ohne den Kurfürsten zu erkennen. Er hatte gerade sein Frühstück beendet und packte den Rest zurück in einen Beutel. Das musste noch bis zum Abend reichen.

„Ihr könnte ruhig zu Ende essen“, sagte der Landesvater. „Mich stört das nicht.“

Aber der Bauer schüttelte nur den Kopf: „Ich war gerade fertig. Unsereins muss gerade im Sommer schnell und hart arbeiten. Da dürfen die Pausen nicht zu lang sein. Die Zeiten sind schlecht, und je länger die Ernte dauert, desto schlimmer ist es für uns.“

Er wies mit der Hand auf den zertrampelten Acker. Hier hatte eine Jagdgesellschaft deutliche Spuren hinterlassen. Eine breite Bahn zog sich durch das Korn, alles war niedergetreten und wie gedroschen. „Und der Rest des Korns wird uns nie und nimmer durch den Winter bringen", fügte der Bauer an.

Nun ergab ein Wort das andere. Dabei lenkte der Landesherr das Gespräch geschickt auf die Regierung, die Steuern und auf die Zufriedenheit mit dem Kurfürsten.

Natürlich bemühte sich Jan Wellem, als verkleideter Jäger dem Kurfürsten möglichst viel Schlechtes anzuhängen, um dem Bauern den einen oder anderen Misston zu entlocken. Aber der Mann lobte den Landesherren nur in den höchsten Tönen. Jedes Mal, wenn der Jäger den Kurfürsten angriff, wehrte der Bauer die Kritik ab. Doch schließlich kam er auf den springenden Punkt: „An unserem Unglück ist Herzogin Anna Luise mit ihrer Jagdlust Schuld", brach es aus ihm heraus. „Zwar fordert der Kurfürst Abgaben, aber das muss er auch. Nur so kann man das ganze Land am Laufen halten. Außerdem sind die Abgaben nicht zu hoch. Allerdings könnte er uns in einer anderen Sache helfen."

„Und was soll das sein?"
Das Interesse Jan Wellems war nun geweckt.

„Schau dir das geschundene Feld an!", ereiferte sich der Landmann. „Die Hälfte dieses Ackers hat die unbarmherzige Herzogin auf dem Gewissen. Das alles hat sie mit ihrer Jagd verwüstet, die wilde Rutsch-Anne! Und auf das unbrauchbare Korn muss ich zu allem Überfluss auch noch Steuern bezahlen. Aber das geht allen Bauern so, nicht nur mir. Das ist unser ganzes Unglück! Da kann man froh sein, wenn sie uns noch die andere Hälfte des Roggens lässt und die nicht auch noch kaputtrutscht. Es interessiert sie nicht, was aus dem Korn wird. Die Rutsch-Anne rutscht und rutscht wie ein Wirbelsturm über die Felder. Ohne Rücksicht auf Verluste!"

Der Bauer schneuzte sich. „Verstehst du nun, warum wir uns bei der Ernte sputen müssen? Wenn der Kurfürst das wüsste, würde der uns mit Sicherheit helfen. Der hat ein gutes Herz. Aber er wird von allen hinters

Licht geführt. Jeder erzählt ihm, wie zufrieden wir Landmänner sind. Dabei leiden wir schon lange Hunger!"

Jan Wellem stachelte nun den Bauern an, noch mehr über die wilde Rutsch-Anne zu erzählen. Er liebte diesen Spitznamen und hatte vor, seine Frau zukünftig mit diesem Namen aufzuziehen, sobald sie erneut beim Jagen über die Stränge schlüge.

Als er genug gehört hatte, verabschiedete er sich von dem Landmann, nicht ohne sich zuvor nach dessen Namen, der Adresse und den häuslichen Verhältnissen erkundigt zu haben.

Als der nächste Morgen kam, fand Jan Wellem seine Frau beim Frühstück bereits für die Jagd gerüstet.

„Guten Morgen Rutsch-Anne", begrüßte er sie fröhlich. „Geht es heute wieder zum Rutschen über die Felder?"

Als sie ihn erstaunt ansah und fragte, was es mit diesem komischen Spitznamen auf sich hätte, lachte der Kurfürst donnernd. Er ließ sie wissen, dass die Bauern sie insgeheim nur bei diesem Namen nannten. Dann erzählte er von der Begegnung und dem Gespräch mit dem Landmann und erklärte ihr, wie es zu dem Namen gekommen war.

„Das ist die größte Frechheit aller Zeiten!", empörte sie sich lautstark. „Aber du kannst mir viel erzählen. Ich kenne deine Späße! Schicke sofort nach dem Mann! Den Namen 'Rutsch-Anne' soll er mir höchstpersönlich ins Gesicht sagen. Und sollte man mich tatsächlich im Volk so nennen, dann setzt es Hiebe!"

Sie schnaubte wütend wie ein Stier und kein bisschen herzöglich.

Eigentlich hatte sie mit einem Rückzieher ihres Mannes gerechnet, weil sie sich so viel Unverfrorenheit des Volkes nicht vorstellen konnte. Aber der schickte kurzerhand einen Eilboten zu dem Bauern. Als der am Hof eintraf, erkannte er im Fürsten nicht den Jäger von einst. Er war wie geblendet von der Pracht des Saales und den vornehm gekleideten Menschen darin.

„Guten Morgen, mein Freund", begann der Herzog freundlich. „Sagt, wie nennt ihr die Fürstin, wenn ihr unter euch seid?"

Verlegen drehte der Landmann seine Mütze zwischen den Händen und brachte zunächst keinen Ton heraus.

„Nennt ihr die Herzogin nicht Rutsch-Anne, wenn ihr von ihr sprecht?“

„Mist!“, dachte der Bauer. „Da hat dieser Jäger mich doch glatt verraten, und jetzt setzt es gleich Hiebe.“

Aber ein Bauer ist auch bauernschlau. Blitzschnell erkannte er: Es gab gar keinen Beweis dafür, was er dem Jäger gesagt hatte. Man brauchte also dem Jäger nicht mehr zu glauben als einem Bauersmann.

„Das habt ihr bestimmt von einem Jäger gehört“, begann er beherzt. Jetzt bloß keine Schwäche zeigen! „Mit dem habe ich gestern beim Roggenschneiden geplaudert. So ein Lügner! Euch hat er aufs Übelste verleumdet, kein gutes Haar hat er an euch gelassen, und dann schwindelt er Euch auch noch vor, dass ich die Herzogin ‘Rutsch-Anne’ nenne! Am liebsten würde ich den ...“

Er hob drohend die Faust.

Der Bauer hoffte mit weichen Knien, dass er mit dieser Rede den ehrwürdigen Kurfürsten und seine Frau besänftigt und von seiner Unschuld überzeugt hatte. Aber niemand war verwunderter als er selbst, als der Fürst in lautes Gelächter ausbrach.

„Mach dir keine Sorgen!“, sagte Jan Wellem ermutigend. „Mit dem Jäger werde ich schon fertig. Jetzt geh nach Hause, und ich kann dir versprechen, dass du nie mehr Hunger leiden wirst.“

Dem Bauern fiel ein Stein vom Herzen, zumal er für den zerstörten Acker noch großzügig mit Gold entschädigt wurde.

Nach diesem Ereignis redete der Kurfürst mit seiner Gemahlin unter vier Augen ein ernstes Wort. Dabei hörte sie manches, was ihr die Schamesröte ins Gesicht trieb.

Fortan verschonte sie bei der Jagd das Getreide und vergütete den Bauern so viel wie möglich für den angerichteten Schaden, den sie verurascht hatte.

Von da an wurden der Jäger und die wilde „Rutsch-Anne" nie wieder gesehen.

Anna Maria Luisa de' Medici wurde am 11.8.1667 in Florenz geboren. Sie wuchs zu einer Schönheit heran und heiratete Jan Wellem am 29. April 1691.

Was zunächst als Zweckehe begann, entwickelte sich zu einer fruchtbaren Lebensgemeinschaft. Beide liebten die Musik und die Malerei und machten ihre Residenzstadt Düsseldorf zeitweise zu einer europäischen Kunstmetropole. Auch ihre Begeisterung für die Jagd und den Reitsport teilten sie miteinander.

Nach dem Tod ihres Mannes zog sich Anna Maria Luisa in ihre Heimat Florenz zurück, wo sie am 18. Februar 1743 an Brustkrebs starb. Die Liebe zu ihrem Mann ist so groß gewesen, dass sie seine Kurkrone mit in ihr Grab genommen hat.

Ein Denkmal des Kurfürsten Jan Wellem findet man auf dem Marktplatz in der Düsseldorfer Altstadt. Ein Wandrelief links neben dem Tor des Spee'schen Parks (hinter dem Stadtmuseum) ist Anna Maria Luisa gewidmet. Ihr Bildnis findet man in der Eingangshalle der Kunstakademie.

Eine wahrhaft teuflische Wette

Vor vielen hundert Jahren lebte in Gerresheim der Ritter Gerricus. Als er jung war, hatte er sich an der Seite von Kaiser Karl in vielen Kriegen durch große Tapferkeit ausgezeichnet. Dafür erntete er nicht nur weltlichen Ruhm und die Grafenwürde, sondern wurde auch mit viel Land belohnt.

Gerricus war ein glücklicher Mensch, hatte er doch nicht bloß die Kriege unversehrt überstanden, sondern war darüber hinaus noch steinreich geworden. So konnte er als Graf mit seiner Familie das Leben genießen und es sich gutgehen lassen. Wenn kein Krieg war, feierten sie rauschende Feste, gingen zur Jagd, egal ob es ein Sonntag oder ein Werktag war. Abends, nach einer erfolgreichen Jagd, wurde ausgiebig mit dem Besuch gespeist, getanzt oder um viel Geld gewürfelt. Für den Herrgott jedenfalls hatte Gerricus keinen Augenblick übrig.

Aber selbst im Leben eines vom Glück begünstigten Menschen gibt es Schattenseiten, und so schlug auch bei Gerricus eines schönen Tages das Unglück zu: Innerhalb kurzer Zeit verlor er seine Gattin und den einzigen Sohn. Geblieben war ihm jetzt nur noch seine Tochter Reginberga. Aber als sie ihrem Vater eines Tages eine Kanne Wein aus dem Keller holen sollte, stürzte sie und fiel die steile Kellertreppe herunter. Von diesem Unfall blieb ihr ein Buckel, der ihre Heiratschancen zunichte machte.

So viele Tragödien auf einmal konnten selbst dem stärksten Mann den Lebensmut rauben und zur Umkehr zwingen. So auch den Gerricus. Er zog sich zurück und änderte sein Leben.

Der Graf ließ den Kaplan auf die Burg kommen, beichtete alle seine Sünden, entsagte dem Glücksspiel und warf seine Würfel ins Feuer. Selbst die Sachen für die Jagd wollte er nicht mehr anrühren.

Er bekehrte sich zu Gott, den er so lange vernachlässigt hatte. Doch gab es kein lockeres Leben mehr in der ehemals so heiteren Burg. Im Stillen fragte sich Gerricus oft verzweifelt: „Was hilft mir jetzt mein Schloss mit all dem Hab und Gut, wo ich keinen Sohn mehr habe, dem ich meine weltlichen Güter vermachen kann? Und was soll bloß aus meiner Tochter werden, wenn sie keinen Mann abkriegt?"

Es verging einige Zeit, bis der Graf eine Antwort auf die gestellten Fragen fand. Schließlich rief er seine Tochter zu sich, um ihr sein Vorhaben mitzuteilen: „Geliebte Tochter", begann er, „ich habe einen Entschluss gefasst. Gott hat mir trotz aller Tragödien ein glückliches Leben geschenkt, wofür ich dankbar bin. Aber nun bin ich alt und muss für uns beide das Leben neu ordnen. Also habe ich entschieden, dem lieben Gott den Rest meines Lebens und meinen Reichtum zu widmen."

Es entstand eine beinahe Ehrfurcht gebietende Stille, nachdem Gerricus diese Worte gesprochen hatte. Reginberga antwortete ihm: „Vater, ich teile deinen frommen Entschluss. Ich selbst habe nicht vor, einem irdischen Bräutigam meine Hand zu reichen. Einzig und allein dem Himmel möchte ich meine Jugend anvertrauen."

„Dann ist es beschlossen", erwiderte Gerricus froh. „Ich werde aus meinem Schloss ein Kloster machen, ein Frauenstift für alte und junge Damen. Ihm schenke ich all meine Güter, und du wirst die erste Äbtissin werden."

Gesagt, getan. Das Schloss war bald umgebaut, aber nachdem alle Zellen für die Bewohnerinnen geweiht waren, stellte sich heraus, dass die Kapelle des Klosters zu klein für die Gottesdienste war. Denn von überall her kamen nun die Menschen, die hier das Wort Gottes hören wollten. Deshalb entschloss sich der Graf, noch eine stattliche Klosterkirche anzubauen. Er rechnete lange und glaubte schließlich, auch dafür genug Geld zu haben. Kurze Zeit später wurde feierlich der Grundstein für die Kirche gelegt. Aber Gerricus hatte die Rechnung ohne den Wirt gemacht.

„Diesen Bau werde ich nicht dulden!“, zeterte der Teufel in der Hölle. „Was zu viel ist, ist zu viel! Noch eine Kirche verkrafte ich nicht! Ich will Spaß, ich will Spaß!“ Der Fürst der Finsternis braute einen Zaubertrank, schlich sich nachts zum Grundstein der Kirche und versprengte seinen Trank in alle vier Himmelsrichtungen. Dabei murmelte er: „Norden, Süden, Westen, Osten, der Bau wird sprengen alle Kosten!“

Und so kam es: Die Kirche war gerade mal halbfertig, da ging dem Grafen das Geld aus, und die Handwerker legten die Arbeit nieder. „Ohne Moos nix los!“, hörte man es allerorts leise wispern.

Gerricus war entsetzt darüber, dass alles Geld bereits verbraucht war. ‚Das kann doch nicht mir rechten Dingen zugegangen sein', dachte er. „Meine Rechnung war doch einwandfrei! Jetzt ist alles Geld weg und die Kirche erst halbfertig. Was mache ich bloß?“

Das war die Stunde, auf die der Beelzebub gewartet hatte. Wie von Zauberhand erschien er eines Tages auf der Erde und kam auf Gerricus zugehinkt. Katzenfreundlich machte er ihm ein Angebot: „Ich kann dir helfen, die Kirche zu bauen. Du brauchst nur einzuschlagen!"

Natürlich erkannte der Graf den Teufel nicht, hatte der doch seinen Pferdefuß gut versteckt. Gerricus war der Meinung, dass der Herr neben ihm wahrscheinlich einer seiner Gäste von damals war, die ihm beim Würfeln viel Geld abgewonnen hatten. Ohne lange zu überlegen, und froh, dass sich so plötzlich sein Problem in Luft aufzulösen schien, schlug Gerricus ein.

Von da an ging der Bau in Windeseile voran, und nur acht Tage später drehte sich der goldene Hahn auf der Turmspitze. Der Graf war begeistert, auch wenn er sich diese teuflische Geschwindigkeit nicht recht erklären konnte. „Sei es drum", überging er seine nagenden Gedanken, „Hauptsache fertig!"

Und wie aufs Stichwort erschien der Teufel wieder auf dem Plan, um seine Belohnung einzufordern: „So ein Prachtbau!", begann er überschwänglich. „Jetzt müssen wir noch darum würfeln, was mit dem Haus geschehen soll."

„Das ist doch wohl klar!", empörte sich der Graf. „Was gibt es da zu knobeln? Das soll eine Kirche sein, in denen die Nonnen singen und beten! Was denn sonst?"

„Das ist nicht dein Ernst!", erwiderte der Teufel, und seine Augen verprühten gefährliche Funken. „Ich will Spaß und kann das Geplärre gar nicht leiden. Davon wird einem ja schlecht!" Er schüttelte sich und machte eine Handbewegung in Richtung Mund, als müsse er sich übergeben.

„Ich jedenfalls bin dafür, dass wir aus dem Bau eine Herberge machen, wo man Leckeres zu essen und zu trinken bekommt, und wo gerade am Sonntag getanzt und gefeiert werden soll. Das wird ein Spaß!"

Jetzt fiel es dem Gerricus wie Schuppen von den Augen, und er erkannte, dass er ein Geschäft mit dem Teufel gemacht hatte. Und ihm wurde klar, dass er sich in keinem Fall auf ein Glücksspiel mit dem Teufel einlassen durfte. Denn der würde ihn mit Sicherheit betrügen, um die Kirche in einen Ort der Sünde zu verwandeln.

Fieberhaft suchte der Graf nach einem Ausweg. Schließlich erwiderte er: „Wir können nicht um die Bestimmung der Kirche würfeln. Schließlich habe ich seit langem dem Glücksspiel abgeschworen! Aber ich habe eine andere Idee."

„Da bin ich aber gespannt", freute sich der Teufel, dachte er doch, dass er schlau genug wäre, den Grafen in jedem Fall übers Ohr hauen zu können.

„Lass uns auf den Turm gehen und um die Wette springen", schlug der Gerricus listig vor. Schließlich war er als Ritter und Jäger Zeit seines Lebens ein gewaltiger Läufer und Springer. Da konnte nichts schiefgehen!

„Wer am weitesten kommt, der darf mit dem Haus machen, was er will."

„Einverstanden!" Der Teufel war mit dem Vorschlag zufrieden, und gemeinsam stiegen sie in den Turm, wo die Glocken hingen. „Ich springe zuerst!", sagte der Beelzebub, zog seine Stiefel aus und nahm einen gewaltigen Anlauf durch die Glockenkammer.

Als Gerricus den Pferdefuß des Teufels betrachtete, bekam er es mit der Angst zu tun. Was wäre, wenn er sich irrte und der Teufel springe weiter als er? Inbrünstig begann er zu beten, so, wie er es noch nie getan hatte.

Seine Gebete wurden erhört. Der Teufel blieb beim Anlauf mit seinem Pferdefuß an einem Glockenseil hängen, das voller Pech war. Das Seil klebte daraufhin an seiner Klaue fest und riß beim Sprung die größte Glocke mit aus dem Turm. Die aber war so schwer, dass sie den Bösewicht bald hinter der Kirche herab in den Sumpf zog.

Dort, wo der Teufel laut fluchend die Erde berührte, entstand ein riesiges Loch, das sich mit schwarzem, brackigen Wasser füllte.

Nun sprang Gerricus in Gottes Namen nach. Der Sprung ging hoch durch die Luft über den Kopf des Teufels hinweg, bis er weit hinter dem Schwarzen landete. Hier entstand eine kleine, feine Kuhle, die sich mit glasklarem Wasser füllte.

So gewann Gerricus mit Gottes Hilfe nicht nur die Wette, sondern auch den Besitz der Kirche. Der Teufel aber wollte von da an nie wieder beim Bau einer Kirche mithelfen.

Wenn man von der A3 kurz vor der Ausfahrt Mettmann nach Gerresheim abbiegt, kommt man zur „Basilika St. Margareta".

Hier befinden sich die sterblichen Überreste des Gerricus. Geht man an der Kirche links vorbei in westlicher Richtung, erreicht man eine kleine, weiße Kapelle. Die kennzeichnet den Ort, wo Gerricus nach seinem Sprung gelandet ist.

Die klare Quelle, die daraufhin entstanden sein soll, hat es aber wahrscheinlich bereits vor der Zeit des Gerricus gegeben. Im 15. Jahrhundert wurde sie das erste Mal erwähnt, zusammen mit der Heilkraft gegen Augenleiden.

Der feurige Mann von Bilk

Man schrieb das Jahr 1784, als auf der Himmelsgeister Straße 69 in Bilk der alte Kruchen in die gute Stube stürmte: „Ein Hochwasser naht", rief er atemlos seiner Familie zu. „Packt das Notwendigste zusammen und lasst uns so schnell wie möglich von hier verschwinden! Sonst sind wir alle rettungslos verloren!"

Während seine Frau und Sohn Benedikt in Windeseile nach oben liefen, um die Sachen zum Überleben zu packen, klopfte es an die Stubentür. „Herein!", rief Herr Kruchen ein wenig ungehalten, hatte er doch selbst noch einiges vor der Flucht zu erledigen.

Der junge, österreichische Werbeoffizier, der mit einigen Reitern bei den Kruchens Quartier bezogen hatte, betrat den Raum und fragte erstaunt: „Wohin so eilig? Was hat es mit diesem überstürzten Aufbruch auf sich?"

„Ihr wisst es noch gar nicht, Herr Offizier?" Der Alte konnte es kaum glauben. „Habt Ihr denn noch nichts vom nahenden Hochwasser gehört, das sich der Stadt nähert?"

Der junge Mann hob gleichgültig die Schultern. „Doch! Aber so schlimm wird es schon nicht werden", antwortete er. „Es wird doch nichts so heiß gegessen, wie es gekocht wird."

„Das sagt Ihr so in Eurem jugendlichen Unverstand. Ihr kennt die Tücken dieser Gegend nicht." Kruchen zog ein Taschentuch aus der Hose und wischte sich den Schweiß von der Stirn.

Jetzt war der Offizier gekränkt, weil man ihn als unverständig bezeichnet hatte. „Wenn Ihr meint", sagte er schmallippig und wollte sich zu seinen

Kameraden zurückziehen. Die spielten nebenan im Quartierraum Karten, tranken Bier und waren fröhlich, während er sich hier von dem Alten beleidigen lassen musste, der Panik verbreitete.

Kruchen merkte jetzt, dass er sich im Ton vergriffen hatte.

„Ich wollte Euch nicht zu nahe treten", entschuldigte er sich und erklärte: „Der Stoffelner Damm ist einfach nicht hoch genug, um ein großes Hochwasser fernzuhalten. Das überflutet das ganze Land. Unsere Straße ist außerdem ein ehemaliger Rheinarm und deshalb besonders gefährdet. Denn das Wasser fließt immer zuerst in sein altes Flußbett. Und davon gibt es noch mehr im Umkreis. Deshalb verlassen wir und die anderen Anwohner die Häuser. Wenn Euch und Euren Männern das Leben lieb ist, dann solltet Ihr das ebenfalls tun."

Der Werbeoffizier war immer noch nicht so recht von der großen Gefahr überzeugt, wie der Alte sie beschrieben hatte. Trotzdem warnte er seine Männer vor der drohenden Überflutung. Als nach einiger Zeit tatsächlich das große Hochwasser kam und es in der Stoffelner Kapelle bereits vier Fuß hoch stand, verließen sowohl die Familie Kruchen als auch der Werbeoffizier und die meisten Reiter das Haus. Letztere nur äußerst widerwillig, war das angebrochene Bierfass doch noch nicht leer. Nur zwei Reiter schlugen die Warnung in den Wind.

„Wir wollen das gute Bier doch nicht verwässern lassen", lallte der eine schon mit schwerer Zunge. Und der andere brabbelte: „Bier und Wasser vertragen sich nicht zusammen. Da schaffen wir noch schnell Abhilfe."

Aber der Aufbruch der Kameraden hatte den beiden Zurückgebliebenen die Stimmung richtig verhagelt. Da half auch das gute Bier nichts mehr. Sie hatten sich gerade dazu entschlossen, den anderen zu folgen, da hatte einer der beiden eine Idee, die ihnen den Abend doch noch retten würde: „Lass uns die Gunst der Stunde nutzen und nachsehen, ob hier im Haus oder in der leeren Stadt nicht etwas zu holen ist... hicks!"

„Geniale Idee! Hicks...! Aber vorher muss ich noch eine Stange Bier in die Ecke stellen!“ Sprach' s und verschwand auf der Toilette.

Das Haus der Kruchens war schnell durchstöbert, aber alles von Wert hatte der alte Mann gesichert und mitgenommen.

„So ein misstrauischer, alter Geizkragen“, schimpfte der eine, während der andere maulte: „Und die Olle hat sich den ganzen Schmuck gekrallt!“

Also machten sie sich auf, um die anderen Häuser zu plündern. Während die Halunken Schlösser knackten und mit Stehlen beschäftigt waren, brach der Stoffelner Damm, und das Wasser strömte reißend in sein altes Bett.

Als die beiden Soldaten das bemerkten, hatten sie es plötzlich höchst eilig. Sie fluchten wie die Rohrspatzen, waren aber jetzt schlagartig wieder nüchtern. Der erste bestieg hastig sein Pferd und sprengte in Richtung des Dorfes Stoffeln davon. Der andere belud rasch sein Pferd mit der Beute und folgte dann eilig.

Dem ersten Soldaten gelang es, sich vor der immer schneller herandringenden Flut nach Stoffeln zu retten. Während seines Teufelsritts schaute er sich ständig nach seinem Kameraden um, der es sichtlich schwerer hatte, vorwärtszukommen. Das lag an der gestohlenen Beute, die sein Pferd allein tragen musste. Als der zweite Reiter schließlich versuchte, das Diebesgut abzuwerfen und nur noch an die Rettung seines nackten Lebens zu denken, wurde er von den Wellen ergriffen und ertrank.

Nach dem Ablauf des Wassers fand man sein totes Pferd in den Ästen eines Baumes. Den ertrunkenen Reiter aber will man in der Folgezeit noch oft als „feurigen Mann" an einem Wassertümpel spuken gesehen haben.

Der Stoffelner Damm wurde 1796 bald nach dem Hochwasser von den Erben der Bilker Gemark verstärkt und erhöht. Noch heute gibt es in Bilk nahe des Ortsteils Flehe eine Straße mit dem Namen Stoffelner Damm. Die Himmelsgeister Landstraße findet man nahe dem Wasserwerk Flehe.

In den fünfziger Jahren des 19. Jahrhunderts war der Glaube an Feuermänner in Bilk noch weit verbreitet. Nach jedem Hochwasser hinterließ der Rhein, wenn er sich in sein Bett zurückzog, viele alte Stämme, deren Rinde sich im Brackwasser vom faulenden Holz löste. Nachts sah es dann bisweilen so aus, als ginge man durch ein Feuer, weil sich in den blanken Stämmen das Mondlicht spiegelte. So entstand der Glaube, dass dort Feuermänner hausten, alles ruhelose Seelen von verstorbenen Halunken.

Geisterbeschwörung am Stoffeler Friedhof

Vor nicht allzulanger Zeit lebte in Düsseldorf eine Witwe, die als Wahrsagerin und Kartenlegerin ihr Geld verdiente. Sie stand in dem Ruf, das „Siebte Buch Moses“ zu besitzen. Gesehen und gehört hatte davon noch niemand, und selbst die Bibel gab keinen Hinweis auf ein solches Buch. Aber die Frau wurde nicht müde immer wieder zu beteuern, dass sie ausschließlich aus dieser Schrift ihre besondere Kunst erlernt haben wollte.

„Ich bin die Einzige weit und breit, die aus den Karten die Sünden eurer verstorbenen Angehörigen zu Lebzeiten lesen kann!“

So warb sie allerorts für sich und ihre besondere Gabe.

„Und was soll das bringen?“, fragte sie einmal ein ketzerischer Herr vor einer versammelten Zuhörerschaft. Die Wahrsagerin stand wie gewöhnlich auf dem Wochenmarkt vor ihrem Zelt und pries ihre Kunst an. „Tot ist tot, und niemand kann Tote zur Rechenschaft ziehen!“

„Das sagt Ihr so einfach“, entgegnete die Frau. „Aber so schuldbeladen, wie manche Seelen sind, können sie im Grab nicht eher Ruhe finden, bis sie aus dem Fegefeuer erlöst und versöhnt sind.“

Ein Raunen ging durch die Menge, und viele dachten sofort an die eigene Schuld, die sie bis jetzt schon auf sich geladen hatten. Würden sie etwa auch im ewigen Feuer schmoren müssen?

„Aber ich habe eine freudige Botschaft aus dem Jenseits für euch alle“, verkündete die Kartenlegerin lautstark der Menge. „Für ihre Erlösung sind die Verstorbenen aus Dankbarkeit bereit, ihrem Erlöser allerlei Wünsche zu erfüllen!“

„Was für ein Mumpitz!", warf der Zweifler von eben ein. „Das glaubt doch kein Mensch!"

Aber vergebens. Die meisten Zuhörer hatten sich bereits um die Kartenlegerin geschart. Jeder wollte jetzt der erste Erlöser eines verstorbenen Angehörigen sein. Schließlich winkte eine satte Belohnung, auch wenn man selbst erst einmal die Geldbörse zücken musste, um die Kartenlegerin zu bezahlen. Diese Ausgabe würde sicherlich durch die Erfüllung vieler Wünsche aus dem Jenseits wieder wettgemacht werden.

Eine lange Schlange bildete sich nun vor dem Zelt der Kartenlegerin. Eine vornehme Kaufmannsfrau, deren Mann erst vor kurzem verstorben war, betrat als erste das Zelt und setzte sich an den Tisch der Kartenlegerin. Die griff sogleich nach den Karten und begann eifrig zu mischen.

„Stopp!", unterbrach die Besucherin sie. „Zuerst möchte ich wissen, was die Sache hier kostet!"

„Das kann ich doch jetzt noch nicht sagen", antwortete die Wahrsagerin. „Das hängt von der Schwere der Schuld ab, die der Verstorbene auf sich geladen hat. Danach wird bemessen, wieviel wir zu seiner Erlösung tun müssen."

Sie schaute die in schwarze, teure Kleidung gehüllte Dame an, und wer genau hinsah, konnte schon die Münzen in ihren Augen blitzen sehen.

„Ich gehe recht in der Annahme, dass es sich bei dem Toten um ihren Mann handelt?" Die Besucherin nickte. „Soll ich jetzt die Karten legen oder nicht?" Wieder nickte die Frau.

Daraufhin mischte die Wahrsagerin geschickt die Karten, verdrehte ihre Augen so, dass nur noch das Weiße darin zu sehen war und sprach dabei einige unverständliche Worte. Anschließend legte sie die Karten aus und dann – ein langes, qualvolles Stöhnen.

Der Kundin lief ein Schauer über den Rücken. Leise fragte sie: „War es tatsächlich so schlimm?"

„Kein leichter Fall", erwiderte die Witwe. „Ihr Mann ist ein Kaufmann gewesen, der seine Kunden betrogen hat. Die Waage hat er zu seinen Gunsten geeicht, so dass die mehr Gewicht angezeigt hat, als in der Waagschale lag. Die Käufer haben also immer zu viel bezahlt. Jetzt ist er aufgeflogen und schmort im Fegefeuer. Und dort wird er noch lange bleiben, wenn Sie ihn nicht erlösen."

Die Besucherin errötete, wusste sie doch, dass dieses Geschäftsgebaren bei Kaufleuten durchaus gang und gäbe war. Man durfte sich nur nicht erwischen lassen. Aber dass diese Sünde noch über den Tod hinaus geahndet werden würde, damit hatte niemand gerechnet.

„Was kann ich denn tun, um meinen Gatten zu erlösen?", fragte sie die Wahrsagerin.

„Das wird aber nicht billig", antwortete diese.

„Das ist mir egal! Mein Mann soll nicht länger im Feuer schmoren, denn er war ein guter Mann!"

Rasch zog die Kartenlegerin nun einen Zettel mit den Erlösungsritualen aus ihrer Kleidung, übergab ihn der Dame und verabredete sich mit ihr und den nächsten Angehörigen für das kommende Wochenende bei Vollmond auf dem Stoffeler Friedhof am Sühnekreuz. Nicht ohne ihr noch einen kräftigen Vorschuss für die Rituale abgeknöpft zu haben.

„Und wann darf ich mir etwas wünschen?", fragte die Kaufmannswitwe.
„Erst die Erlösung, dann das Wünschen", antwortete die Wahrsagerin. Und sie hatte es nun eilig, die Besucherin loszuwerden, standen doch noch jede Menge zahlungswillige Kunden vor dem Zelt, die ebenfalls etwas Gutes für ihre Angehörigen tun wollten.

„Haben Sie alles beherzigt, was ich auf den Zettel geschrieben habe?“, fragte die Kartenlegerin, als sie sich Punkt Mitternacht in der Nacht zum Sonntag am alten Steinkreuz mit der Witwe und den Angehörigen traf.

„Ja!“, antwortete die Kaufmannsfrau kurz. „Die Messen wurden gelesen, die Kerzen angezündet und vier Stecknadeln in Form eines Kreuzes in sie eingebohrt. Dabei haben wir alle einen Wunsch ausgesprochen.“

„Sehr gut! Gehen wir zur letzten Ruhestätte des Toten und kommen wir zu den Abschlussritualen.“

Als sie das Grab erreicht hatten, fügte sie noch an: „Was auch immer jetzt passiert, niemand darf hier sprechen. Niemand außer mir! Wenn jemand spricht, dann muss ich die Beschwörung abbrechen, und wir müssen schnell vom Friedhof weg. Sonst sind wir alle verloren! Verstanden?“

Sie schaute in die Runde, und als alle zustimmend nickten, begann sie am Grab allerlei Hokopokus zu verstalten. Sie murmelte undeutliche und kaum verständliche Beschwörungsformeln, von denen man nur einzelne Worte verstehen konnte, wie: „... die Seele aus dem Fegefeuer springt ...", oder „... genug ist genug, vergeben der Betrug ...", und je mehr sie sagte, desto aufgeregter wurde sie. Sie wiegte ihren Körper hin und her und streckte die Arme zum Himmel. Zum Schluss warf sie sich sogar in den Staub, bis ...

„Aaaah!"

Ein gellender Schrei entfuhr ihrer Kehle. Sie sprang auf und zeigte auf die Ruhestätte des Verstorbenen. „Ich sehe ihn! Ich sehe ihn in seinem Grab! Wie schrecklich!"

Sie begann, am ganzen Leib wie Espenlaub zu zittern und bekreuzigte sich. „Er liegt dort in der kalten Erde, in Fesseln liegt er dort und wimmert: „... habt Erbarmen, habt Erbarmen...!"

Sie schaute verstohlen zu der Kaufsmannsfrau und den Angehörigen. Wenn nun irgendjemand spräche, dann würde sie die Beschwörung wie angekündigt abbrechen, und alle mussten schnell den Friedhof verlassen. Dann wäre auch das schöne Geld futsch. Denn ohne Erlösung und ohne Wunscherfüllung seitens des Toten gäbe es keine Moneten.

Aber alles blieb still, und die Kartenlegerin fand, dass sie nun genug fürs Geld getan hätte. Sie beruhigte sich langsam und fixierte ein letztes Mal das Grab. Dann wandte sie sich mit einem strahlenden Lächeln an die Angehörigen und sprach ihr selbstverfasstes Dankgebet:

„Halleluja, es ist vollbracht!
Der Herr hat geholfen mit ganzer Macht.
Er hat von ihm genommen die ganze Schuld,
Danket dem Herrn für seine Huld.
Die Seele ist frei und kann nun ruhn,
sie kann auch was für die Lieben tun."

Ein erleichtertes Raunen ging durch die Reihen der Angehörigen und jeder freute sich schon insgeheim auf seine künftige Wunscherfüllung.

Die Kaufmannswitwe drückte der Wahrsagerin verstohlen einen Umschlag mit dem Rest des Geldes, das sie ihr noch schuldete, in die Hand, und alle verließen zufrieden den Friedhof.

Ob die Wünsche der Angehörigen tatsächlich erfüllt wurden, ist bis zum heutigen Tag nicht überliefert. Und was glaubt ihr?

Der Stoffeler Friedhof ist ein Friedhof im Stadtteil Oberbilk. Die Wahrsagerin gab es tatsächlich, und diese Geschichte hat sich mehrfach so (oder ein wenig anders) zu Beginn des 20. Jahrhunderts zugetragen, als der Geisterglaube noch wilde Blüten trieb.

Für die Erlösung der armen Seelen erhielt sie von den Angehörigen Geld. Sollte der Tote aber im Himmel einen guten Platz bekommen, musste man noch mehr bezahlen. Einzelne Frauen haben ihr 60 und 80 Mark bezahlt, eine sogar 600 Mark.

Am 15. April 1926 berichteten die Düsseldorfer Nachrichten, dass ein Schöffengericht die „Wahrsagerin“ wegen fortgesetzten Betruges zu 1 ½ Jahren Gefängnis verurteilt hat.

Der Weiberfeind

Damals, als es in Düsseldorf noch einen Galgen gab, ereignete sich folgende Geschichte: Es gab da einen jungen, hübschen Mann, der mit einer Frau befreundet war, die keinen guten Ruf hatte. Man munkelte, dass sie Männer um ihr Geld prellte und sie schamlos ausnutzte. Etliche Herren sollte sie bereits um ihr Hab und Gut gebracht haben, indem sie ihnen die ewige Liebe vorgaukelte. Und die fielen nur allzugern auf die Liebesschwüre herein – bis sie den Schwindel bemerkten. Aber da war die Dame mitsamt dem Geld bereits auf Nimmerwiedersehen verschwunden.

Das alles wusste der junge Bursche, aber er schlug sämtliche Warnungen in den Wind. „Mich wird sie nicht übers Ohr hauen", pflegte er großspurig auf die wohlmeinenden Ermahnungen zu verkünden. „Schließlich bin ich mit allen Wassern gewaschen, und außerdem erheblich jünger als all die anderen alten Knacker."

Aber er hatte nicht nur die Macht der Liebe unterschätzt, sondern auch die Gerissenheit der Dame. Eines Tages stand sie nämlich völlig aufgelöst vor ihrem jungen Freund. „Liebster Heinrich", wimmerte sie, „meine Mutter ist krank! Sie braucht dringend ärztlichen Beistand, sonst muss sie bald sterben!" Sie äußerte keine Bitte um Geld, verbunden mit dem Schwur ewiger Liebe und Treue. Sie wurde einzig geschüttelt von einem herzzerreißenden Schluchzen, gepaart mit einer Flut von Tränen.

In dem Moment war der Bursche sich sicher, dass seine Freundin die Wahrheit sprach, und nichts als die Wahrheit. Hier konnte es sich nicht um einen Betrug handeln, sondern allein um eine Frau in allergrößter Not. Ihr Schluchzen war es, das nicht nur sein Herz, sondern auch seine Geldbörse öffnete. Und in null Komma nichts hatte er ihr freiwillig seine ganze Habe aufgedrängt.

„Aber das kann ich nicht annehmen!" Wenig damenhaft schnäuzte sich die Frau in das Taschentuch, das der Freund ihr reichte. „Dann hast du ja nichts mehr!"

„Du musst!", rief er aus. „Sonst stirbt deine Mutter, und du wirst es ewig bereuen, dass du mein Geld nicht genommen hast. Und vielleicht stirbt unsere Liebe dann auch."

„Wenn du meinst ..."

Ihre Tränen versiegten so schnell, wie sie gekommen waren, und er übersah in seiner Sorge die Gier, die sich in ihren Augen abzeichnete.

Nachdem die Freundin alles Wertvolle zusammengerafft hatte – das Geld und den Schmuck seiner Mutter – verabschiedete sie sich tränenreich und scheinbar von Dankbarkeit erfüllt. Und genau wie bei all den anderen vor ihm machte sie sich auf Nimmerwiedersehen vom Acker.

Der junge Mann wartete eine lange Zeit. Immer wieder entschuldigte er das Ausbleiben jeglicher Nachricht damit, dass seine Freundin sich mit Sicherheit unablässig um ihre todkranke Mutter kümmern müsse. Aber natürlich wollte er auch wissen, ob seine großzügige Spende das Leben der Mutter gerettet hatte. Schließlich saß er seitdem in einer ziemlich kleinen, kalten und scheußlichen Wohnung bei kargem Essen.

Als schließlich ein paar Monate verstrichen waren, fiel es ihm wie Schuppen von den Augen. Er musste sich eingestehen: Auch er war betrogen worden. Genau wie die anderen.

„Nicht mit mir!", brüllte er und trat zornig gegen die kahlen Wände seiner ärmlichen Behausung. „Ich werde dieses Weib finden, und dann gnade ihr Gott!" Wutentbrannt griff er nach seinem schärfsten Messer und begab sich auf die Suche nach der jetzt so verhassten Frau.

Tage später fand der Bursche sie schließlich, verliebt lächelnd am Arm eines anderen Mannes. Er folgte den beiden bis in eine reiche Gegend, wo sie in einem Patrizierhaus verschwanden. Im Schatten des gegenüberliegenden Hauses versteckte er sich so lange, bis die Betrügerin allein das Haus verließ.

Da trat er ihr aus dem Schatten seines Verstecks entgegen. „Du Gaunerin!", schrie er. „Hast du schon dein nächstes Opfer gefunden? Willst du den Mann hier auch ausnehmen wie eine Weihnachtsgans und ihn anschließend in Armut zurücklassen? Genau wie mich?"

Die Frau zuckte erschrocken zusammen, und die ersten Fenster in der Nachbarschaft öffneten sich. „Liebster, wie schön, dass ich dich finde", säuselte sie und versuchte so, ihn zu beruhigen. „Ich habe dich schon überall gesucht! Ich wusste einfach nicht, wohin du umgezogen bist!"

„Wer's glaubt wird selig!" Mit hochrotem Gesicht machte der junge Mann einen Schritt auf die Frau zu, die er für sein ganzes Elend verantwortlich machte. „Jeder unserer Freunde wusste Bescheid, wo ich mich aufhalte. Aber bei keinem hast du nach mir gefragt!" Mit diesen Worten zog der Bursche das Messer aus der Tasche und erstach die Liebesbetrügerin.

Der Prozess war ihm schnell gemacht, und der Bursche wurde des Mordes für schuldig befunden.

Der Tag der Vollstreckung brach an. Der Zug mit dem Verbrecher ging über die heutige Schadowstraße zur Wielandstraße. Dort hielt die Gruppe vor einem Christusbild. Hier war es Sitte, dass ein Geistlicher eine Ansprache an den zum Tode geweihten Sünder und das begleitende Volk hielt.

Dann ging es weiter zum Geistenberg in Derendorf. Neben dem Galgen des Hofgerichts stand erneut ein Steinkreuz, wo zum letzten Mal Halt gemacht wurde. Der Richter verlas hier öffentlich das Todesurteil: „Heinrich Müller wird wegen Mordes zum Tode durch den Strang verurteilt."

Danach wurde der Mann die Stufen zum Galgen hochgeführt, damit das Urteil vollstreckt werden konnte. Plötzlich kam im Eiltempo ein Bote des Kurfürsten angeritten und schwenkte ein Schriftstück in der Luft. Vor dem Richter sprang der Reiter vom Pferd und drückte ihm das Papier in die Hände. Der warf einen Blick darauf und hob ruhegebietend die Hand, weil das Volk langsam unruhig wurde. Dann las er für alle hörbar vor:

„Anlässlich meines Geburtstags begnadige ich den verurteilten Heinrich Müller, an dem der Tod durch den Strang nicht mehr vollzogen werden darf. An diese Begnadigung knüpfe ich eine Bedingung: Der Übeltäter soll nur dann freikommen, sofern sich noch an Ort und Stelle eine Frau bereiterklärt, ihn sofort zu heiraten." Unterzeichnet war das Papier mit der Unterschrift des Regenten und mit seinem Siegel bestätigt.

Solch eine Begnadigung fand jedes Jahr zum Ehrentag des Kurfürsten statt, deshalb waren die Anwesenden nicht sonderlich erstaunt darüber.

Jetzt entstand eine Pause, in der alle buchstäblich die Luft anhielten. An dieser Stelle würde es sich nun entscheiden, ob sich das Schicksal zugunsten des Verurteilten wenden würde, oder ob er für immer verloren wäre. Was, wenn sich nun keine Frau fand, die diesen jungen Burschen heiraten wollte?

Es verging eine schreckliche Weile, und ein Raunen der Enttäuschung ging durch die Menge. Man hatte fest mit einem guten Ausgang für den Verurteilten gerechnet.

„Gibt es wirklich keine junge Frau, die diesen hübschen, kräftigen Burschen heiraten möchte?", fragte der Richter fast flehend. „Der kann nicht bloß arbeiten, sondern bestimmt auch viele Nachkommen zeugen."

Nach diesen Worten kam endlich Bewegung in die Menschenmasse. Eine bereits ältere Jungfer drängte sich von ganz hinten in die erste Reihe. „Ich bin bereit, diesen Mann zu heiraten“, lispelte sie, lächelte den Richter an und ließ dabei ihren beinahe zahnlosen Mund sehen.

Der Richter führte die Frau daraufhin zu dem Verurteilten. „Ist er bereit, diese Person hier auf der Stelle zu ehelichen?“, fragte er ihn.

Der hübsche, junge Mann betrachtete die alte Frau, die ihn gerade anschmachtete, dann wandte er sich an den Henker und fällte sein eigenes Urteil:

„Treck mech erop!“ (Zieh mich hoch)

Der Name Derendorf bedeutet „Dorf in den Büschen“ und wurde erstmals um 1100 urkundlich erwähnt. Damals war es viel größer als heute. Eingemeindet nach Düsseldorf wurde es im Jahr 1384.

Den in der Geschichte erwähnten Ort Geistenberg, wo der Galgen gestanden haben soll, verortet man heute in der der Nähe des Spichernplatzes gegenüber der Einmündung der Geistenstraße. Der Geistenberg wurde damals im Volk mit den Hingerichteten in Verbindung gebracht, deren Geister dort herumgespukt haben sollen.

In den Jahren 1795 bis 1802 wurde der Galgen von den Franzosen durch das Fallbeil ersetzt. Die letzte Hinrichtung am Düsseldorfer Galgen soll 1803 stattgefunden haben.

Die hochmütigen Bauern von Niederkassel

Früher, als das Reisen noch beschwerlich war, konnte man Düsseldorfs linksrheinische Dörfer Lörick, Nieder- und Oberkassel sowie Heerdt nur schwer erreichen. Es gab nämlich noch keine feste Brücke zwischen den beiden Rheinseiten.

Die Bauern, die sich in Niederkassel angesiedelt hatten, waren die vom Glück begünstigten. Hier war der Boden nämlich besonders fruchtbar, was ihnen viele gute Jahre und einen großen Reichtum bescherte. Aber anstatt sich demütig über so viel Glück zu freuen und den Bewohnern der drei ärmeren Dörfer etwas abzugeben, protzten sie hochnäsig mit ihrem Vermögen und schauten überheblich auf die bedürftigen Nachbarn herab.

Ganz besonders schlimm wurde es zu den Zeiten, wenn die Bewohner der vier Dörfer in Heerdt zu den Messezeiten aufeinandertrafen.

„Hast du die da gesehen“, hörte man die hochnäsigen Niederkasseler Frauen untereinander tuscheln. „Aus welchem Müll die wohl ihre Kleider herausgeholt hat?“ Oder: „Hast du die Schuhe von dem da gesehen? Mit so einem Trottel würde ich mich hier nicht blicken lassen!“ Allgemein zustimmendes Nicken.

Ja, die Niederkasseler Damen und ihre Kinder konnten es sich leisten, herausgeputzt zu erscheinen. Für einen Kirchgang mit viel zu viel Schmuck behängt, hätten sie jedem glitzernden Weihnachtsbaum alle Ehre gemacht.

Die Niederkasseler Herren waren in ihrem Hochmut auch nicht viel besser. Sie trugen nicht bloß edle Schuhe und Anzüge aus den teuersten Stoffen zur Schau, sondern ebenfalls protzige Ringe. Aber wie die meisten Männer unterhielten sie sich nicht wie ihre Frauen flüsternd mit Worten,

sondern mit Gesten. Mit den Fingern deuteten sie unmissverständlich auf den einen oder anderen armen Schlucker, rümpften hochnäsig die Riechorgane oder schüttelten angewidert die Köpfe.

Und wie selbstverständlich belegte die reiche Bagage in der Kirche ganz vorne die besten Plätze. Nicht etwa, weil sie besonders gläubig war, sondern um sich besser in all dem eigenen Prunk sonnen und den anderen vorführen zu können. Das zog nicht nur den Unmut der ärmeren, aber gläubigeren Kirchgänger auf sich, sondern auch den des Pfarrers von Heerdt.

Gewöhnlich unterdrückte der Pfarrer seine Empörung, wollte er doch keinem Gläubigen auf die Füße treten, schon gar nicht den Betuchten. Das Kirchendach war bereits viel zu lange undicht, und wer, wenn nicht die Vermögenden, sollte für die Reparaturkosten aufkommen? Deshalb mahnte er die begüterten Gemeindmitglieder in seinen Predigten immer nur etwas zaghaft zu Bescheidenheit und Demut. Allein seine Worte verhallten ungehört.

Vor der letzten Messe allerdings, als die vorangegangene Angeberei auf dem Kirchhof besonders schlimm ausgefallen war, platzte ihm während des Gottesdienstes der Kragen.

„Liebe Kirchgänger“, rief er ganz ungewohnt mit donnender Stimme von der Kanzel, „so geht das nicht weiter! Was ich heute vor der Kirche an Prahlerei der Niederkasseler miterlebt habe, schlägt dem Fass den Boden aus! Man sollte nicht in die Kirche kommen, um seiner Eitelkeit zu frönen, und auch nicht, um seinen Besitz zur Schau zu stellen. Allein um Gott die Ehre zu erweisen und für seine Güte zu danken, sollte man hier sein. Ganz besonders die Niederkasseler.“

Eisiges Schweigen schlug ihm aus den vorderen Reihen entgegen, was ihm normalerweise Einhalt geboten hätte. Der Pfarrer hatte soeben mit seiner Anklage eine Schwelle überschritten, so wie er es noch nie zuvor getan hatte. Und als er dann auch noch vorschlug, dass die Mittellosen mit den

wohlhabenden Niederkasselern die Plätze tauschen sollten, verließen letztere geschlossen die Kirche.

„Dem Herrn soll endlich der Dank und die Ehre zuteil werden, die er verdient“, rief der Pastor ihnen erbost und mit hochrotem Kopf hinterher. Die zurückgebliebenen Kirchgänger klatschten zustimmend.

„Diese öffentliche Beleidigung, diese Herabsetzung unseres Standes ausgerechnet vor dem Gesindel werden wir uns nicht gefallen lassen“, ereiferte sich Olaf, der Wortführer der Niederkasseler Bauern, noch auf dem Kirchhof. „Wir werden denen schon beweisen, wo Bartel den Most holt und wie reich wir Niederkasseler Bauern sind! Niemand wird uns davon abhalten!“ Und so geschah es.

Einige Tage später ging der Niederkasseler Wortführer zum Schmied. „Ich hätte gern ein Hufeisen aus Silber mit meinem Namen darauf“, sagte er. Nach einer kleinen Pause, als der Schmied bereits mit der Arbeit begonnen hatte, fuhr Olaf fort: „Und ich bestehe darauf, dass du das Hufeisen dem Pferd nur lose unterschlägst.“

Der Schmied unterbrach die Arbeit und meinte erstaunt: „Aber mein Herr, dann verlieren Sie es doch bald!“

Der reiche Bauer lachte gackernd. „Aber das ist ja der Witz! Ich möchte, dass alle sehen, wie wohlhabend wir Bauern aus Niederkassel sind.“

Da zuckte der Schmied nur kopfschüttelnd die Schultern und befestigte das silberne Hufeisen genauso, wie sein Kunde es wünschte. Natürlich fiel es bei dem Ausritt durch die Nachbardörfer, wie gewünscht, ab. Hier fand es ein armer Schlucker und sah, dass es von einem Niederkasseler stammte. Das erregte sofort seinen Neid und seine Wut.

In Windeseile sprach sich die Sache in den Nachbardörfern herum und kam natürlich auch dem Pastor von Heerdt zu Ohren. In seiner nächsten Predigt sprach er von der Kanzel herunter noch einmal seiner Gemeinde ins Gewissen. Wie ein Prophet rief er aus:

„Kassel, Kassel,
kannst den Hochmut nicht lassen!
Mit Feuer oder Wasser
straft Gott, die ihn hassen.“

Es dauerte nicht lange, da gingen die hellsichtig gesprochenen Worte in Erfüllung, und es brach eine so ungeheuere Überschwemmung über das linksrheinische Düsseldorf herein, wie es ganz selten geschah. Am „Heerdter Loch“ bei der Rheinbiegung unterhalb des Dorfes Heerdt brach der Damm und überflutete Hunderte von Morgen des besten Ackerlandes mit Sand und Kies.

Damit machte das Wasser viele reiche Bauern mit einem Schlag zu armen Leuten. Vorbei war die Zeit der hochnäsigen Niederkasseler Gutsbesitzer, deren Äcker fortan nur noch Unkraut und Brennesseln hergaben. Hochmut kommt eben vor dem Fall.

Der Kern dieser Sage dürfte sich auf das untergegangene Kirchdorf Niel beziehen, das zwischen Heerdt, Niederkassel und Oberlörick gelegen hat. Der Ort wurde bereits in Urkunden des 11. und 13. Jahrhunderts erwähnt. Wahrscheinlich ist das Kirchdorf zu Beginn des 15. Jahrhunderts von den Fluten des Rheins verschlungen worden.

Damals verband noch keine feste Brücke das linkssrheinische mit dem rechtsrheinischen Düsseldorf. Eine feste Brücke wäre auch nicht sinnvoll gewesen, weil das Flussbett des Rheins nicht stabil genug war, und sich seine Breite deshalb ändern konnte.

Die Entführung Heinrichs IV.

Heinrich IV. war erst 6 Jahre alt, als sein Vater starb und er standesgemäß in Aachen zum König gekrönt wurde. Im Jahr 1056 trat er die königliche Erbfolge an, um sich ab diesem Zeitpunkt auf seine Zukunft als König vorzubereiten. Seine Mutter Agnes übernahm die Vormundschaft zusammen mit etlichen Beratern, die ständig um sie herumwirbelten. Umso schöner war es für den dann zwölfjährigen Heinrich, dass er im Jahr 1062 gemeinsam mit ihr das Osterfest auf der väterlichen Burg bei Kaiserswerth verbringen durfte. Er wollte nur mit der Mutter und Erzbischof Anno II. von Köln, der hier die Ostermesse abhalten sollte, ein schönes Fest feiern. Mutter Agnes hatte sogar darauf verzichtet, ihren engsten Berater und Lebensgefährten, den Bischof Heinrich von Augsburg, einzuladen.

„Warum willst du mich nicht dabei haben?", hatte der empört nachgefragt, als Agnes ihm ihre Entscheidung mitgeteilt hatte. „Du weißt, dass ich dem Erzbischof nicht über den Weg traue. Ich halte ihn für fähig, dir und vor allem Heinrich etwas anzutun. Er möchte doch nichts lieber, als die Staatsgeschäfte an sich reißen. Und wenn ihr erst einmal in seiner Hand seid, wird das für ihn ein Leichtes sein!" Der Augsburger Bischof schnaubte verächtlich.

„Pappalapapp", entgegnete Agnes lachend. „Du siehst Gespenster. Was soll der Erzbischof uns schon groß anhaben? Hier läuft doch genug Personal herum, das ein Auge auf uns hat. Außerdem weißt du ganz genau, dass die Reichsfürsten auf dich und mich bereits ein kritisches Auge geworfen haben und über unser Verhältnis arg verstimmt sind."

Dem konnte Bischof Heinrich nicht widersprechen. Also blieb ihm nichts anderes übrig, als die Faust in der Tasche zu ballen, zähneknirschend zuzustimmen und zu Hause zu bleiben. Aber wohl war ihm dabei nicht.

·HEINRICH·IMP·

So erschien am Ostersonntag als einziger Gast Erzbischof Anno II. von Köln, um das frohe Osterfest zusammen mit Seiner Königlichen Hoheit Heinrich IV. und Mutter Agnes zu feiern und eine prunkvolle Messe zu zelebrieren. Aber er hatte dunkle Pläne im Gepäck – genauso, wie es der Augsburger Bischof Heinrich vermutet hatte.

Nach der Messe und einem üppigen Gastmahl unterhielten sich der junge König und der Erzbischof angeregt über das prächtige Schiff, mit dem der Kirchenfürst angereist war. Es lag fest verankert unterhalb der Burg am Ufer des Rheins.

„Wie viel wiegt das Schiff, wie viele Ruderknechte habt Ihr an Bord und wie lange braucht man von hier nach Köln?", fragte Heinrich neugierig.

„Eine Menge Fragen auf einmal", antwortete Anno und lächelte diabolisch. Heinrichs Neugier kam ihm für seine Pläne sehr entgegen. „Leider bin ich kein Fachmann, um diese Fragen alle beantworten zu können."

Der Erzbischof sah Heinrichs enttäuschten Blick und witterte eine prächtige Gelegenheit, ihn von seiner Mutter zu trennen, um ihn heimlich auf seinem Schiff mit nach Köln zu nehmen. Denn hätte er den jungen König erst als Geisel, könnte er endlich die Staatsgeschäfte übernehmen. Er dachte bei sich: „Das ist ja einfacher, als einen Eimer Wasser umzuschütten!"

„Ich habe gerade eine wunderbare Idee", sagte er jovial. „Was hält Eure Hoheit davon, wenn wir zusammen dieses prächtige Schiff besichtigen?"

„Sehr gerne! Ich unterrichte nur kurz meine Mutter von unserem Plan", erwiderte der junge Heinrich und schaute sich nach ihr um. Aber die gab gerade dem Küchenchef Anweisungen, und alles deutete darauf hin, dass die Unterhaltung länger dauern könnte.

„Was ist denn nun?", fragte der Erzbischof, der die Ungeduld in seiner Stimme kaum zügeln konnte. So eine gute Gelegenheit käme nicht so schnell wieder, um ungesehen mit dem jungen König verschwinden zu können. „Wollt Ihr nun mein prächtiges Schiff besichtigen oder nicht?“ Ein eisiger Blick folgte, untermalt von nervösem Fingerschnippen.

Nach kurzer Überlegung folgte Heinrich dem Erzbischof. Ihm war der kalte Blick nicht entgangen, der ihm einen Schauer über den Rücken jagte. Doch seine Neugier siegte.

Bis zum Schiff war es nur ein kurzer Weg, denn es hatte ganz in der Nähe angelegt. Kaum aber hatte der junge König das Schiff betreten, da stießen die Ruderknechte es in Windeseile ab, lenkten es in die Mitte des Rheins und ruderten wie um ihr Leben in Richtung Köln.

Heinrich IV. erkannte trotz seiner Jugend, dass Anno II. gerade versuchte, ihn zu entführen, um an die Macht zu kommen. Ohne lange nachzudenken nahm er Anlauf, und bevor sich jemand rühren konnte, sprang der junge König kopfüber in den Rhein.

Das Wasser war zu Ostern noch eiskalt und die Strömung mörderisch. Da Heinrich kein geübter Schwimmer war, hätte die Strömung ihn fast fortgerissen, hätte sich Graf Egbert von Braunschweig nicht seiner erbarmt.

Obwohl er zu den Verschwörern gehörte, hatte er doch noch in letzter Sekunde sein Herz entdeckt. Unter Einsatz seines Lebens rettete er den jungen König und brachte ihn zurück an Land.

So lautet zwar die Sage von der Entführung Heinrichs IV. – die Wirklichkeit indes sah anders aus:

Im Jahr 1062 versuchte Erzbischof Anno II. von Köln einen Staatsstreich und ließ Heinrich IV. bei einer Rheinpartie tatsächlich entführen. Danach übernahm er die Staatsgeschäfte, weil er den König als wertvolle Geisel in seiner Gewalt hatte.

Da Anno II. aber nicht mit einem zwölfjährigen Jungen umgehen konnte, griff der Hamburger Erzbischof Adalbert ein und drängte Anno aus der Macht.

1065 wurde Heinrich IV. für volljährig erklärt und übernahm die Regierungsgeschäfte. Es konnte damals gerade noch verhindert werden, dass der verhasste Erzbischof Anno II. zur Strafe erdolcht wurde. Die Entführung hat ihm Heinrich IV. allerdings nie verziehen.

Der Spuk der weißen Frau im alten Schloss

Jacobe von Baden war eine junge, lebenslustige Prinzessin, die schon mit sieben Jahren ihre Eltern verloren hatte. Seitdem lebte sie bei ihrem griesgrämigen, geldgierigen Onkel. Jetzt war sie zu einer Frau herangereift, die von ganzem Herzen den Grafen Philipp liebte, der ihre Liebe erwiderte.

„Jacobe, möchtest du mich heiraten?", fragte Philipp eines Tages bei einem Spaziergang und fiel vor ihr auf die Knie.
„Ja", hauchte sie errötend, und ihr Herz hüpfte vor Freude. Da nahm Philipp die Hand der jungen Frau und steckte ihr den größten blutroten Rubinring an den Finger, den sie je gesehen hatte. Dann erhob er sich, legte den Arm um ihre schmale Taille, und sie besiegelten ihr Bündnis mit einem Kuss.

Aber sie hatten die Rechnung ohne den Wirt gemacht. Als Jacobes Onkel den funkelnden Ring beim Abendessen an ihrem Finger entdeckte, wurde er beinah ebenso rot wie der Rubin und schrie: „Ist das ein Verlobungsring?" Dabei sprang er so heftig auf, dass der Stuhl umfiel und die Lehne zerbrach.

Jacobe nickte eingeschüchtert. „Ist er nicht schön?", fragte sie leise. „Graf Philipp und ich möchten heiraten."

„Kommt gar nicht in die Tüte!", schnappte der Onkel. „Ich bin dein Vormund. Ich bestimme, wen du heiratest! Und das wird nicht dieser nichtsnutzige Adelige sein! Basta!"

„Oheim, habt doch ein Herz für die Liebe", bettelte Jacobe, fiel vor ihrem Onkel auf die Knie und weinte bitterlich.

„Pappalapapp! Liebe! Wenn ich das schon höre!", schnauzte der Vormund unbarmherzig. „Nur Bares ist Wahres!"

Er hatte nämlich ganz andere Pläne mit seiner Nichte. Es war ihm zugetragen worden, dass Herzog Wilhelm, genannt „der Reiche", schon lange vergeblich nach einer Braut für seinen geistig behinderten Sohn Johann Wilhelm suchte. Aber niemand wollte den kranken Prinzen heiraten, der darüber hinaus noch grottenhäßlich war. Hier witterte Jacobes Onkel eine Chance auf viel Geld, und das würde er sich wegen deren Liebe keineswegs durch die Lappen gehen lassen.

Also fuhr der Vormund nach jener schicksalhaften Verlobung kurzerhand nach Düsseldorf an den Hof Herzog Wilhelms und bot seine Nichte zur Heirat an: „Sie ist klug, gesund, wunderschön, und wird viele Kinder gebären", schmeichelte er. „Aber das kostet natürlich eine Kleinigkeit." Jacobes Onkel und rieb sich die Hände.

„Alles, was ihr wollt!", stimmte Herzog Wilhelm zu, froh, endlich eine Braut für seinen Sohn gefunden und die herzögliche Erbfolge gesichert zu haben.

„Sagen wir – 10 000 Reichstaler?" Dem Onkel lief vor Gier das Wasser im Mund zusammen und er musste höllisch aufpassen, dass er nicht sabberte.

„Einverstanden", erklärte Herzog Wilhelm, der jetzt eine Sorge weniger hatte.

So wurde Jacobe kurzerhand nach Düsseldorf mit einem ungeliebten Mann verheiratet, den sie zutiefst verabscheute. Die Hochzeit dauerte acht Tage und war ein prunkvolles Fest mit Bällen, Reitturnieren, Essen vom Feinsten und den hochrangigsten Gästen aller Höfe Europas. Diese Pracht ließ es Jacobe beinah vergessen, dass ihr Onkel ihre große Liebe zerstört und sie schlichtweg verkauft hatte.

Die Ehe an der Seite des ungeliebten kranken Ehemanns wurde ein riesiger Flop und blieb kinderlos. Jacobe wurde mit der Zeit immer trauriger. Aber sie war auch eine junge Frau, die für sich nach einem Ausweg suchte. Auf ihren nächtlichen Rundgängen durch das Schloss entdeckte sie schließlich im zweiten Stock des Schloßturmes einige unbewohnte Gemächer. An diesem Platz schaffte sie sich einen Rückzugsort, wo sie ungestört ihr eigenes Leben führen konnte.

Hier feierte sie großartige Feste und versuchte, immer mehr Einfluss am Hofe zu gewinnen. Von ihrem Mann blieb sie unbehelligt, weil dieser auf Anraten der Ärzte die meiste Zeit unter deren Aufsicht stand.

Aber Jacobes Verkehr mit Hofräten und Adeligen verstieß gegen die strengen Hofsitten und rief viele Neider auf den Plan. Eines Abends – Jacobe hatte gerade ihren letzten Gast verabschiedet – klopfte es an die Tür.

„Herein", sagte sie mit einem fragenden Unterton, weil sie niemanden mehr erwartete.

Sybille, der das Treiben ihrer Schwägerin schon lange ein Dorn im Auge war, stürmte ins Zimmer. „Glaubst du, ich wüsste nicht, was du hier so treibst?", tobte sie. „Du amüsierst dich und spinnst Intrigen ..." Sie schnappte nach Luft: „... während mein Bruder Johann Wilhelm leidet! Ich werde dem Einhalt gebieten!" Sprach's und verschwand.

Früh am nächsten Morgen suchte Sybille ihren Bruder in dessen Gemach auf. „Weißt du eigentlich, was deine Frau so treibt, während du auf Anraten der Ärzte hier fortgesperrt wirst?"

„Sollte ich?" Johann Wilhelm gab sich uninteressiert, obwohl er nichts lieber erfahren wollte. Ihm war bereits einiges über das ausschweifende Leben seiner Frau zu Ohren gekommen, das ihm nicht behagte. „Außerdem – muss ich dich wirklich daran erinnern, liebste Schwester, dass ich wegen meiner Krankheit hier bin?" fragte Johann Wilhelm, obwohl es in ihm brodelte.

„Von wegen!“, geiferte Sybille. „Du bist nur hier, um deine Frau nicht bei ihrem lustigen Leben zu stören!“

„Das glaube ich nicht“, antwortete Johann Wilhelm, immer noch äußerlich gefasst, aber schon mit hochrotem Kopf.

„Dann eben nicht, du Hohlkopf! Aber sage später bloß nicht, ich hätte dich nicht gewarnt!“ Als ihr Bruder schwieg, rief sie kurzerhand nach der Wache und verließ das Verlies.

Als der Mundschenk Trinkfest die nächste Mahlzeit brachte, zog Johann Wilhelm vor dessen Augen einen blutroten Rubinring vom Finger und ließ ihn in sein Rotweinglas fallen. Den hatte er früher in einem seiner Eifersuchtsanfälle Jacobe gestohlen. Nichts sollte seine Frau jemals wieder an ihre tiefe, verlorene Liebe erinnern. Und genau dieser Ring sollte Jacobe nun ins Verderben stürzen.

Johann Wilhelm winkte den Mundschenk zu sich. „Wenn du den wertvollen Ring haben möchtest ...“, er deutete auf das Rotweinglas, ... „ dann lässt du nach der Abendmahlzeit die Tür meines Gemachs offen“, flüsterte er leise. Er verzog den Mund zu einem hässlichen Lächeln, als Trinkfest ebenso leise antwortete: „Wird gemacht Herr.“

Der Mundschenk hielt Wort, und so nahm das Schicksal seinen schrecklichen Lauf.

In den späten Abendstunden stand Jacobe am Fenster und blickte dem jungen Amtsmann Jakob hinterher, als er eilig die Schloßtreppen herablief. Genau in diesem Moment flog die Tür auf und krachte gegen die Wand. Jacobe erschrak zu Tode, als sie in das wütende Gesicht ihres Mannes blickte. Sie erblasste und sank ohnmächtig zu Boden. So fand die Kammerzofe Jacobe noch am nächsten Morgen in ihrem Gemach vor.

„Einen Arzt“, rief sie, während sie sich mühte, die bewusstlose Frau ins Bett zu legen. Nach einiger Zeit erschien der Arzt in Begleitung zweier Hofräte. Der Doktor untersuchte die bleiche Kranke.

„Wir müssen abwarten, ob sie die Nacht übersteht“, sagte er. „Aber es schaut nicht gut aus. Die Herzogin scheint allen Lebensmut verloren zu haben.“

Die Zofe verbrachte Stunden am Bett der Kranken. Als es schließlich dämmerte, tauchte die untergehende Sonne das Zimmer in ein geradezu überirdisches Licht. Da schlug Jacobe die Augen auf und sprach: „Ich gehe und werde in der Ewigkeit auf dich warten, mein geliebter Philipp. Aber ich werde immer wieder zurückkehren, hier in dieses Gemach, um auf dich zu warten.“ Dann verschied sie mit einem Lächeln auf den Lippen und wurde zu einer geisterhaften Gestalt.

Kurz nach Jacobes Beerdigung wurde der Geist der Herzogin in den oberen Gemächern des Schlossturms das erste Mal gesehen. Ganz in Weiß gekleidet wandelte sie stumm und ruhig, als wartete sie auf ihren Geliebten. Nur das Rauschen ihrer seidenen Gewänder war zu hören. Man munkelte, dass die „weiße Frau“ erst Ruhe finden würde, wenn sie mit ihrer großen Liebe wieder vereint sei.

Von dem stattlichen Herzogschloss in Düsseldorf ist heute bloß noch der Schlossturm zu sehen. Es ist 1260 erbaut und bis zu seiner Zerstörung von vielen mächtigen Herzögen bewohnt worden. Einer davon war Wilhelm, genannt „der Reiche“, der seinen geistig verwirrten Sohn Johann Wilhelm mit Jacobe von Baden verheiratete.

Als Wilhelm 1592 starb, war sein Sohn nicht regierungsfähig. Dies taten an seiner Stelle die Räte, die von Wilhelm bereits vor seinem Tod eingesetzt wurden. Als Jacobe versuchte, auf die Regierungsgeschäfte Einfluss zu nehmen, machte sie sich viele Feinde. Aufgrund ihres Lebensstils, der nicht der strengen Hofsitte entsprach, wurde sie wegen Ehebruchs verhaftet und in ihren Gemächern im Schlossturm gefangen gehalten.

Hier wurde sie am 3. September 1597 tot in ihrem Bett gefunden. Angeblich soll sie einem Schlaganfall erlegen sein. Allerdings wollen Augenzeugen deutliche Würgespuren an ihrem Hals bemerkt haben. Aber alles, was auf Mord deutete, wurde eilig vernichtet und der Mörder nie gefasst.

Die Butterhexe

Es war einmal eine Bäuerin, die auf einem Bauernhof in der Nähe von Vennhausen lebte. Seit ihr Mann gestorben war, bewirtschaftete sie den Hof allein. Sie bestellte die Felder, versorgte die Tiere und führte ein karges Leben, denn viel warf der Hof nicht ab. Etwas Geld konnte sie jeden Freitag auf dem Markt verdienen, wo sie Gemüse und die Butter verkaufte, die sie regelmäßig aus der Milch ihrer zwei Kühe herstellte.

Wie jeden Donnerstag war heute ihr Buttertag. Deshalb saß die Bäuerin gerade auf dem Hof und molk die Kühe, als sie aus der Ferne ein lautes Gemurmel hörte.

Das hörte sich an wie düstere Prophezeiungen – und als sie aufsah, nahte ihre Nachbarin. Die war im ganzen Dorf als bösartiges altes Weib verschrien, und niemand wusste, was sie den ganzen Tag trieb. Es konnte sich um nichts Gutes handeln, denn oft sah man aus ihrem Kamin Rauch in den unterschiedlichsten Farben aufsteigen – von Sonnengelb bis Schwarz wie die Nacht. Immer wenn es wieder soweit war, bekreuzigten sich die Menschen. Jeder ging davon aus, dass sie Böses im Schilde führte und sich mit dem Teufel verbündete. Hinter vorgehaltener Hand bezeichnete man die alte Frau als Hexe.

Jetzt stoppte die Nachbarin am Gartenzaun der Bäuerin und starrte diese unverwandt an. Das Blut gefror der Landfrau in den Adern, als es an ihr Ohr drang:

„Es gibt keinen Käse, es gibt keine Butter,
die Milch ist verseucht, und das liegt am Futter!“

Dabei stierte die Hexe mit bösem Blick auf die gemolkene Milch, und Blitze schienen aus ihren Augen in die Milch zu fahren, um sie zu verderben.

Nun bekam die Bäuerin Angst, und der Schweiß lief ihr den Rücken herunter. „Was, wenn das Futter tatsächlich nicht gut und die Milch deshalb verdorben ist?", dachte sie panisch. „Vielleicht hat die Alte ja meine ganze Wiese verhext."

Die Frau wusste, dass sie sich dann nie wieder auf dem Markt sehen lassen konnte, denn niemand würde ihr auch nur ein Radieschen abkaufen – geschweige denn ihre Butter.

Aber noch ehe sie diesen Gedanken zu Ende denken konnte, sprach die Hexe weiter:

„Alle Viecher gehen ein,
der Hof wird bald am Ende sein!"

Dabei kicherte sie schadenfroh und malte ein geheimes Zeichen in die Luft.

Trotz aller Angst gelang es der Bäuerin nicht, den Blick von dem bösartigen Weib abzuwenden und fortzugehen. Sie war wie gelähmt.

Einige Zeit stand die Hexe noch am Gartenzaun und bewegte lautlos die Lippen. Nach schier endloser Zeit drehte sie sich schließlich um und zog von dannen.

Es verging einige Zeit, bis sich die Bäuerin aus ihrer Schockstarre lösen konnte. Zum Glück schien die Sonne warm und freundlich auf sie herab, und die Wärme und das Licht führten sie wieder zurück ins Leben. Rasch nahm sie die Milch und verschwand im Haus.

In ihren eigenen vier Wänden wunderte sich die Frau später, wie es der Hexe gelungen war, sie derart ins Bockshorn zu jagen.

„Die hat doch nicht mehr alle Nadeln an der Tanne", dachte sie wieder erstarkt. „Nicht mit mir! Heute Abend gibt es gute Butter, du alte Vettel!"

Also machte sie sich nach ihrem Tagewerk daran, für den Markt am nächsten Tag Butter aus der Milch herzustellen. Mittlerweile hatte sie die Ereignisse mit der böswilligen Alten fast vergessen.

Die Landfrau ging wohlgemut ans Werk, aber der Rahm war „wie verhext“: Trotz aller Arbeit wollte sich einfach keine Butter bilden. Ratlos ließ sie sich auf einem Stuhl nieder und überlegte angestrengt, was sie falsch gemacht haben könnte. Aber es wollte ihr nichts einfallen. Schließlich hatte sie alles so gemacht wie immer.

Als sich die Frau in ihrer Verzweiflung ausmalte, dass sie in der nächsten Woche kein Geld habe, um Futter für die Tiere und Nahrungsmittel für ihre Familie zu kaufen, kam ihr ein Gedanke: Sie erinnerte sich wieder an die düsteren Prophezeiungen der Hexe.

„Hat die Alte es doch geschafft, die Milch zu verhexen“, dachte sie, als sich aus ihrem Unterbewusstsein ihre Großmutter meldete. Der hatte man früher ebenfalls nachgesagt, eine Hexe zu sein. Aber sie war eine gute Hexe – eine, die nur die weiße Magie anwandte und sich nicht auf die Seite des Bösen ziehen ließ.

„Kind, böse Hexen hat es schon zu meiner Zeit gegeben“, sagte sie. „Viele haben versucht, mit schwarzer Magie die rechtschaffenen Menschen zu unterdrücken. Aber es gibt für jeden Fluch ein Gegenmittel aus der weißen Magie. Hör gut zu ...“ Als die Großmutter geendet hatte, machte sich die Bäuerin ans Werk.

Sorgfältig verschloss sie Türen und Fenster und kochte etwas von dem Rahm auf. Anschließend begann sie, mit zwei Messern kreuzweise durch die Masse zu schneiden. Und noch während sie das tat, ertönten gellende Schreie in der Nachbarschaft, die sich geschwind ihrem Haus näherten. Die Landfrau machte, was die Großmutter ihr geraten hatte, und fuhr unbeirrt mit dem Schneiden fort. Selbst dann noch, als die bösartige Alte blutend vor ihrem Fenster erschien. Überall in ihrem Gesicht hatte sie kreuzförmige

Schnitte und flehte um Gnade: „Seid gnädig, Bäuerin und hört mit Eurem Tun auf, bevor es mir ans Augenlicht geht!“

Doch die hörte nicht auf. Stattdessen fragte sie: „Was ist der Preis, den du dafür bezahlen würdest?“

„Wie wäre es mit Geld?“, fragte die Alte lockend, denn das konnte sie mit Hilfe des Teufels leicht beschaffen. „Du kannst doch Geld am besten gebrauchen!“

Zack! Ein tiefer Schnitt mit den Messern durchzog nicht nur den Rahm, sondern auch das Gesicht der Nachbarin. „Falsche Antwort“, sagte die Landfrau.

Das Ganze ging noch eine ganze Weile hin und her. Jedem Angebot der Alten, ob es nun Gold, mehr Tiere oder gar ein neuer Hof war, folgte die Aussage der Landfrau: „Falsche Antwort“ und wurde mit einem Schnitt geahndet.

Endlich, als es schon sehr schlimm um ihr Gesicht bestellt war, begriff die Hexe, dass es der Bäuerin nicht um Geld oder ein anderes Gut ging.

Schließlich gab sie auf: „Ich schwöre feierlich und beim Leibhaftigen, dass ich nie wieder meinen Nachbarn schaden werde."

„Richtige Antwort", sagte die Bäuerin und legte zufrieden die Messer weg.

Der Hof, in dem sich die Geschichte von der Butterhexe zugetragen hat, heißt bis heute noch „das Butterhöfchen". Er hat bis in die 1940er Jahre existiert.

Das Haus der Nachbarin ist bald in die Hände neuer Besitzer übergegangen. Und obwohl die neuen Eigentümer fromme Leute gewesen sind, trug der Hof seit den Vorfällen den Namen „Hexenkothen". Dort ist 1801 Peter N. geboren worden, und als dieser mit 81 Jahren starb, hat er immer noch in Unterbach „et Pitterke vom Hexekothe" geheißen.

Nach der Eingemeindung 1909 nach Düsseldorf hat die Stadt dort ein Straßenschild „Am Hexenkothen" anbringen lassen. Das hat aber dem damaligen Pfarrer von Unterbach nicht gefallen, befürchtete er doch, seine Gemeinde könne dadurch in Misskredit geraten. Eines Morgens fand man das Schild mit Teer überstrichen, bis es schließlich ganz verschwand.

Und keiner wollte es gewesen sein.

Ein Geheimgang im Quadenhof

„Ach, meine Kleine“, strich Vater Bernhard seiner kleinen Anne über den Kopf. Er liebte seine jüngste Tochter über alles, machte sich aber auch große Sorgen. Für vier Töchter hatte er bereits die Mitgift aufgebracht, doch die Zeiten waren schwer, und Anne war so ganz anders. Sie war ein richtiger Wildfang – verglichen mit ihren Schwestern. Wissbegierig verbrachte sie Stunden um Stunden in der Bibliothek und bei ihm im Kontor. Die Nachbarn tuschelten schon, es fehle die Strenge bei der Erziehung.

„Noch eine Mitgift, die können wir nicht bezahlen. Was wird nur aus dem Kind? Und überhaupt, Bernhard: Das Mädchen weiß zu viel“, grübelte Annes Mutter Gunhilde. Es war ein fast gewöhnlicher Abend im Hause der Kaufmannsfamilie: Anne lag im Bett, seine Frau Gunhilde zeterte und der Vater wusste nicht wohin mit seinen Sorgen. Mit ihren 17 Jahren war Anne alt genug fürs Heiraten. Nein, es wurde sogar höchste Zeit.

„Heiraten? Eher gehe ich ins Kloster“, sagte Anne immer. Und Gunhilde erwiderte stets erbost zu ihrem Mann: „So ist deine Tochter. Das hast du nun davon, dass das Mädchen ihre Nase dauernd in die Bücher stecken durfte.“ Das sei doch wider die Natur, dass ein Mädchen so neugierig sei.

Wieder so eine schlaflose Nacht – aber der Gedanke mit dem Kloster ließ Anne heute keine Ruhe. Vielleicht war es ja gar keine so schlechte Idee? Im Damenstift in Gerresheim vor den Toren der Stadt lag dieser ruhige Hort für gläubige Nonnen.

Damals war es oft so, dass Witwen und junge Frauen ins Kloster gingen, um Nonne zu werden. Das musste nicht für ein ganzes Leben sein. Wenn sich die Gelegenheit zum Heiraten bot, könnte Anne das Kloster wieder verlassen und ein Leben als Hausfrau führen. Bis dahin wäre sie gut versorgt und könnte im Kloster ihren Neigungen nachgehen. Schließlich war auch die Äbtissin eine kluge und belesene Frau.

So geschah es: Anne fand im Damenstift ein neues Zuhause. Das Leben war einfach, aber sie konnte lernen, steckte ihre Nase in Bücher und weil das Kloster auch allerlei Handel trieb, führte sie die Rechenblöcke. Die Jahre vergingen. Anne fühlte sich wohl im Kloster.

Manchen Sommertag verbrachte sie unter den Apfelbäumen außerhalb des Klostergartens. Verträumt schaute sie den Wolken hinterher und ließ ihren Gedanken freien Lauf. Die Kinder in der Nachbarschaft liebten Anne. „Schwester Anne erzählt so wunderbare Geschichten", sagten sie. Es schien, als würde sie die Geschichten in den Wolken finden. Stundenlang hörten ihr die Kinder zu, wenn sie gemeinsam im Gras lagen und Anne Wolkengeschichten erzählte.

Das entging natürlich dem jungen Ritter Egbert von Quad nicht. Der lebte auf dem benachbarten Quadenhof, der einst zum Schutz des Damenstifts erbaut worden war. Gerne lauschte er heimlich ihren Geschichten. Anfangs versteckte er sich hinter dem großen Heuhaufen. Doch Anne bemerkte ihn.

„Komm doch zu uns", bot sie ihm an. Und der junge Ritter gesellte sich zu ihnen.

Die beiden fanden Gefallen aneinander. Als der Sommer vorbei war, war es mit den harmlosen Treffen unter den Apfelbäumen nicht mehr so einfach. Denn die Kinder kamen jetzt am späten Nachmittag ins Kloster und lauschten dort Annes Erzählungen. Ein junger Ritter durfte nicht im Damenstift ein- und ausgehen. Das gehörte sich nicht.

Allerdings wusste Egbert, dass Anne sich unter anderem um den Bestand des Kloster-Weinkellers kümmerte. Und er wusste, dass vom Quadenhof ein geheimer unterirdischer Gang zum Damenstift führte. An einem regnerischen trüben Abend nahm Egbert im abgelegenen Eckzimmer des

Quadenhofes seinen ganzen Mut zusammen. Er schloss die Tür ab und suchte in der holzgetäfelten Wand den geheimen Knopf. Der war geschickt als Astpflock getarnt. Ein Druck und es öffnete sich eine versteckte Tür. Die Luft roch muffig und abgestanden, das Kerzenlicht flackerte. In der dicken Mauer war eine Treppe eingebaut. Auf schmalen Stufen schritt Egbert den steilen Gang hinab. Am Ende der Stufen führte ein langer, enger Gang bis zu einer eisernen Tür. Egbert musste mächtig den Kopf einziehen.

Dann versperrte eine eiserne Tür den Weg. Offenbar war hier schon lange niemand mehr gewesen. Die Tür war schwer und quietschte fürchterlich. Aber sie öffnete sich. Nun musste er eine große Schieferplatte bewegen, und schon stand er im Weinkeller des Klosters. Die Schieferplatte funktionierte wie eine Drehtür – also das war ganz einfach.

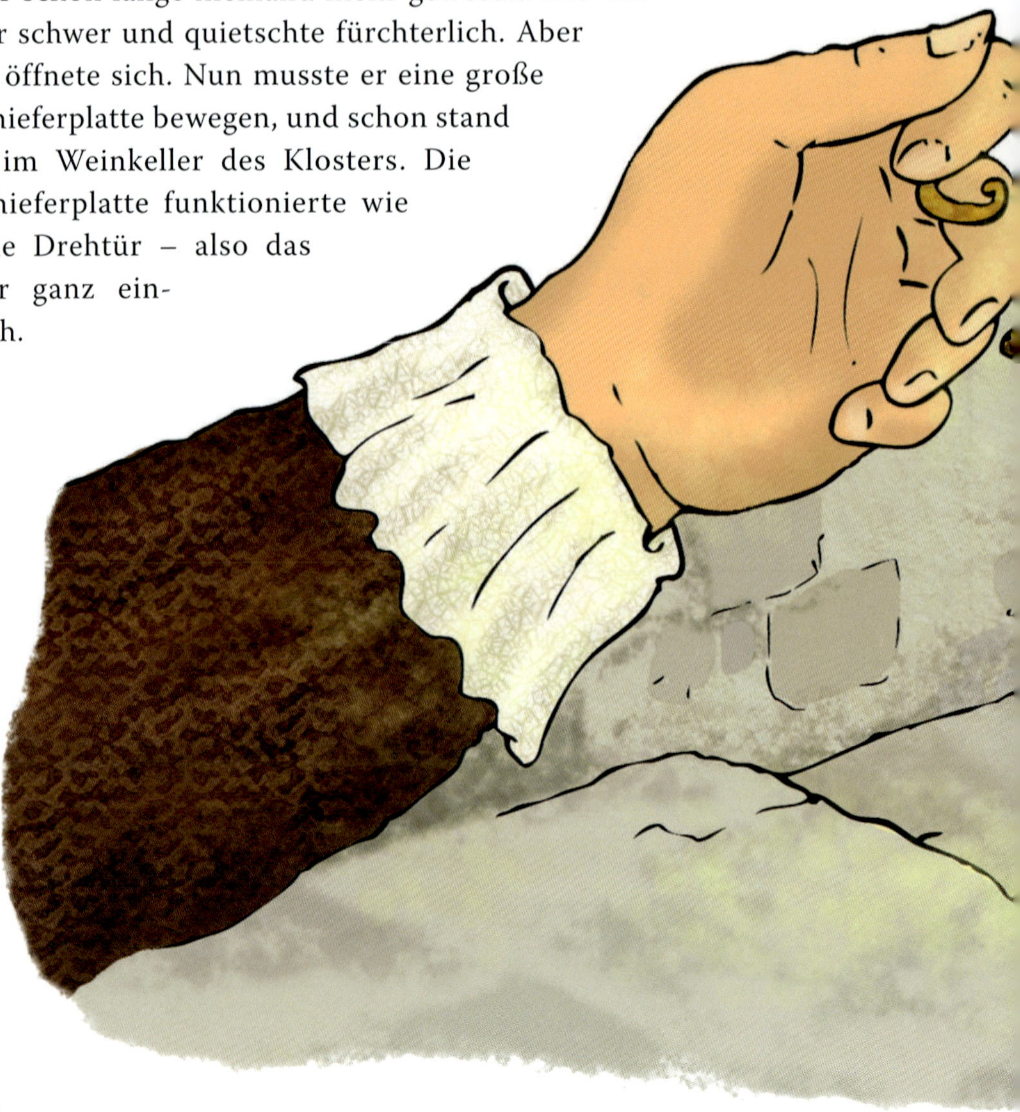

Der Keller war von Kerzenlicht erleuchtet. Vorsichtig versteckte sich Egbert hinter einem Weinfass. Und er hatte Glück: Da stand sie, Anne. Aufgeschreckt vom plötzlichen Flackern ihrer Kerze wollte Anne wissen, woher der unverhoffte Luftzug kam. Sie ergriff einen Kerzenleuchter und kam direkt auf Egbert zu.

„Pssst, nicht erschrecken“, flüsterte Egbert. Anne stieß einen spitzen Schrei aus und ließ ihr Licht überrascht fallen. „Egbert was zum Teufel – upps, ich darf ja nicht fluchen! Egbert, wie kommst du denn hierher?“, rief sie aus.

„Der Geheimgang… “, stammelte Egbert.

„Schwester Anne alles in Ordnung mit Euch? Was ist passiert?“, rief jemand vom Eingang des Weinkellers hinunter, doch Anne reagierte geistesgegenwärtig: „Ich habe mich nur vor einer Maus erschrocken, und mir ist das Licht aus der Hand gefallen.“

Die Oberin war zufrieden mit der Antwort, derweil hatte Anne ihr Licht wieder entzündet. „Geheimgang?“, sagte sie. Ihre Neugier war geweckt. Und so zeigte ihr Egbert den unterirdischen Gang.

Ab sofort kamen die beiden beinahe jeden Tag zusammen und sie verliebten sich ineinander. Immer wenn die Arbeit erledigt war, nutzte die junge Frau die Zeit zu einem Besuch bei Egbert. Und Egbert kam nach seinem

Tagwerk sofort durch den Geheimgang zum Klosterkeller. Hach, was erlebten die beiden schöne Winterabende und -nächte!

Im Frühjahr flog die Geschichte jedoch auf. Denn die Folgen der nächtlichen Stelldicheins waren nicht zu übersehen: Anne erwartete ein Kind. Der edle Ritter von Quad – so edel war er dann wohl doch nicht – zögerte nicht und hielt um die Hand seiner Anne an. Anne hängte voller Freude ihren Klosterschleier an den Nagel und führte fortan ein fröhliches Leben als brave Rittersfrau.

Der Quadenhof ist ein Gebäude am Gerricusplatz 23 in Düsseldorf-Gerresheim. Wer vom zentral in der Altstadt gelegenen Gerricusplatz in einen schmalen Durchgang abbiegt, steht direkt vor dem Hof, der von 1427 bis 1436 als Adelssitz für Godert von Broichhausen errichtet wurde. Der Hof wurde nach der Familie Quad von Raede benannt, die ihn 1458 per Heirat erhielt.

Wer jetzt nach links blickt, sieht eine Tafel, die in aller Kürze die Geschichte und Besitzverhältnisse des Gebäudes zusammenfasst. Darauf steht:
„Der Quadenhof, 1436 erbaut von Broichhausen und Herzog Gerhard II. von Berg, hat Kriege und Brände überstanden. Um 1700 erwarb ihn Familie Ringel, die stets bemüht war, diesen historischen Besitz zu erhalten. Der heutige Besitzer Heissig-Ringel führt dies im Sinne seiner Väter weiter.“

Heute ist der Quadenhof ein Baudenkmal in Düsseldorf. In seiner Nähe befindet sich eine Großgastronomie am Alten Markt in Gerresheim, das „Brauhaus am Quadenhof“.

Der gruselige Turm bei Speckermünchen

Früher kannte jedes Kind die feinen Schnupftabakdosen, die in der Ratinger Straße 7 verkauft und in der Zeitung empfohlen wurden. Ladenbesitzer Johann, selbst ein feiner Herr, war in seiner Kindheit und Jugend Mitglied der Abtei Düsselthal und hatte dort das damals ehrwürdige Handwerk der Schnupftabakdosenherstellung gelernt.

Schon als Kind war der kleine Johann zu Mönchen in ein Kloster gekommen. Dort wurde er von ihnen aufgezogen und gelehrt. Die Cholera hatte im Umland gewütet, und Johann hatte seine ganze Familie verloren. Fast verhungert fanden ihn die braven Mönche, als er zwischen Schmutz und Unrat nach Essenresten suchte. Ein Bild des Jammers war der kleine Junge.

Bruder Mario nahm sich des Kleinen an. Doch Kinder waren damals im Kloster streng verboten. Wo sollte Bruder Mario also mit ihm hin? Da hatte er eine Idee: Er versteckte den Jungen im Turm an der südwestlichen Ecke des Anwesens. Denn die Leute im Dorf ringsherum erzählten sich gar gruselige Geschichten über diesen Turm. Die verlorenen Seelen verhungerter Mönche würden hier ihr Unwesen treiben. Wer konnte, der machte einen großen Bogen um den Turm. Ein kleiner Bub würde hier gewiss nicht auffallen.

Deswegen wunderten sich die anderen Mönche alsbald darüber, dass der brave Bruder Mario immer wieder in diesem bösen Turm verschwand. Auch im Düsselthal blieb sein Treiben nicht unbemerkt. Schnell machten die seltsamsten Geschichten die Runde: „Bruder Mario spricht mit den Toten. Oder er rettet verlorene Seelen“, glaubten die Menschen im Dorf.

Dabei verbrachte Bruder Mario einfach nur Zeit mit dem kleinen Jungen. Er versorgte ihn täglich mit Brot und Essen, lehrte ihn Lesen, Rechnen und

Schreiben, brachte ihm allerhand nützliche Dinge bei und weihte ihn in die Kunst des Schnitzens ein.

Weil sich Bruder Klaus über die täglichen Turmgänge von Bruder Mario wunderte, schlich er ihm eines Tages nach, um herauszufinden, was sich dort an eigenartigen Dingen ereigne. Er öffnete vorsichtig die große Tür und stieg die Turmtreppe empor. Oben angekommen hörte er schon durch eine weitere Tür die Stimmen von Bruder Mario und... einem Kind. Langsam drückte er die Klinke herunter und öffnete die Türe einen Spalt breit. Und er sah Bruder Mario, wie er an einer Tafel diesem kleinen Bub das Einmaleins der Zahlen erklärte.

„Was geht hier vor?", fragte er erstaunt. Erschreckt fuhr Bruder Mario herum, und der kleine Junge versteckte sich schnell unter einem Tisch.

„Bitte verrate uns nicht, Bruder Klaus. Dieser Junge braucht eine Familie. Deswegen kümmere ich mich um ihn. Aber Kinder sind doch im Kloster verboten", bat Bruder Mario.

Da lachte Bruder Klaus und sagte: „Und im Dorf dachten die Leute, hier gehen gespenstische Dinge vor, und du sprichst mit den Geistern. Wenn es weiter nichts ist. Dann machen wir eine Ausnahme und nehmen den kleinen Bub in unseren Orden auf."

Der kleine Junge machte den Mönchen viel Freude. Gar zu herzig war er. Auch wenn es nicht üblich war, so beschlossen die Mönche sich gemeinsam des Jungen anzunehmen. Weil keiner seinen Namen wusste, taufte man ihn auf den Namen Johann. Der kleine Johann war eine Freude für alle und wuchs heran – und den Turm funktionierten die Mönche kurzerhand um.

Denn in schlechten Zeiten wie diesen blieb es nicht aus, dass der eine oder andere Junge den Weg ins Kloster fand. Im Turm richteten die frommen Männer ein Wohnhaus für die Waisenkinder ein. Sie gaben ihnen zu essen, lehrten sie lesen und schreiben, später lernten sie einen Beruf. Ihre Freizeit

2·3=6
3·3=

verbrachten alle gemeinsam mit der Herstellung der Schnupftabakdosen. Der Verkauf der wunderschönen Schmuckstücke gestaltete sich gar trefflich.

Viele Jahre später wurde das Kloster aufgelöst. Warum? Das weiß man heute nicht so genau. Aber die Mönche verstreuten sich in alle Winde. Aus dem kleinen Johann war ein stattlicher Mann geworden. Nach der Auflösung des Klosters betrieb er erfolgreich das Geschäft in der Ratinger Straße 7. Man munkelt noch heute, dass die verstreuten Mönche ihn bei der Herstellung der Schnupftabakdosen unterstützten. Später fanden hier Waisenkinder eine Zuflucht.

Kurfürst Jan Wellem hat um 1701 braven Mönchen die Speckerhöfe geschenkt, damit sie sich dort ansiedeln, um Ackerbau und Viehzucht zu betreiben. Deswegen wurden sie „Speckermönche“ genannt. Der Volksmund machte daraus „Speckermünchen“. In ihrer freien Zeit fertigten die Mönche kunstvolle Schnupftabakdosen. Die Speckermünchener Dosen waren bei den Düsseldorfern der letzte Schrei. Jeder, der etwas auf sich hielt, nannte so eine Dose sein Eigen.

Das Trappistenkloster Düsselthal wurde 1803 aufgelöst, und ein angesehener Düsseldorfer Bürger erwarb das große Grundstück käuflich. Auch er betrieb hier Ackerbau und Viehzucht. Die braven Mönche kehrten ins weltliche Leben zurück und suchten ihr Glück in der großen weiten Welt vor den Toren des alten Klosters.

Das denkmalgeschützte „Hungertürmchen“ an der Max-Planck-Straße ist heute der letzte Überrest der einstigen Abtei. Der Bau wurde „Hungertürmchen“ genannt, weil Kinder der auf dem Boden des Klosters im Jahr 1822 errichteten „Rettungsanstalt Düsselthal für Waisen- und Straßenkinder“ die plötzlich zufallende Tür des Turms von innen nicht mehr öffnen konnten und schließlich im Turm verhungerten.

Der Spuk am Stinkenberg

Im Oberbusch, nördlich von Ratingen, liegt in der ehemaligen Gemeinde Eckamp der etwa 95 Meter hohe Stinkenberg.

Inmitten der gewaltigen Quarzitblöcke auf dem Stinkenberg stand Jan, ein junger Zauberlehrling. Er hatte sich hierher verirrt auf der Suche nach dem Internat, auf dem er die hohen Künste der Zauberei erlernen sollte.

Langsam senkte sich die Dunkelheit über den Stinkenberg, und Jan dachte mit Schrecken an die eine gruselige Geschichte, die sich hier Nacht für Nacht stets wiederholen sollte:

Ein blutbefleckter Mann, der einen Beutel mit Geld in der Hand hält, sollte hier oben spuken. Man hielt ihn für einen Holzhauer, der das Geld, das er vor langer Zeit bei den Opfersteinen gestohlen hatte, unbedingt zurückgeben wollte. Deshalb irrte er seit über zwei Jahrhunderten auf dem Stinkenberg umher, denn er hatte mit dieser Schuld keine Ruhe im Grab finden können. Aber noch hatte niemand gewagt, dem Geist den Beutel aus der Hand zu nehmen.

Ein Schauer lief über Jans Rücken, als er aus dem Rucksack seinen Zauberstab zog. Er hielt ihn in jede Himmelsrichtung, immer in der Hoffnung, dass der ihm durch ein kleines Zeichen den Weg weisen würde.

Dabei sprach er: „Norden, Süden, Osten, Westen, welcher Weg ist hier am besten?“ Dabei drehte er sich um die eigene Achse.
Aber der Zauberstab gab nicht den klitzekleinsten Hinweis.

„Vielleicht muss ich doch in der Stunde für die Zaubersprüche besser aufpassen“, dachte er. „Immer im Buch nachschlagen bringt es wohl nicht.“

„Nein, tut es nicht", hörte er im Inneren seinen Großvater, den großen Zaubermeister Eliphas, in strengem Ton sagen. „Lernen ist gefragt!"

Jetzt ging ein Strahlen über Jans Gesicht, denn ihm war etwas Wichtiges eingefallen. Er griff ganz unten in den Rucksack und zog eine Brille hervor, die sein Opa ihm für Notfälle mitgegeben hatte. Diese Brille war natürlich keine gewöhnliche Brille, sondern eine Zauberbrille. Wenn man sie aufsetzte, konnte man im rechten Bügel einen kleinen Knopf drücken, um sie anzuschalten. Dann sah man das, was sich an dem jeweiligen Ort in der Vergangenheit alles ereignet hatte – und wenn man Glück hatte, gab es sogar in giftgrüner Schrift einen Hinweis darauf, wie man ihn verlassen konnte. Und Jan wollte ihn verlassen, bevor er dem spukenden Geist begegnen würde. Aber vielleicht hatte er auch ganz großes Glück und würde die Stimme seines Großvaters aus dem linken Brillenbügel hören.

Jan setzte also neugierig die Zauberbrille auf die Nase und schaute zum nahegelegenen Quarzitblock. Aber binnen einer Sekunde riss er sich die Brille wieder ab, so schrecklich war das Bild, das er gesehen hatte:

An den Felsblock gelehnt saß ein blutender Soldat, der mit bloßen Händen versuchte, eine Blutung zu stoppen. Man brauchte kein Hellseher zu sein um zu erkennen, dass der junge Mann bald sterben würde. Und hinter dem Stein saß ein anderer Mann, der zu warten schien.

Jan zitterte wie Espenlaub, als er kaum vernehmbar die leise Stimme des Großvaters aus dem linken Brillenbügel hörte: „Jan, setze die Brille auf. Das sind nur Bilder. Aber du wirst hier eine wichtige Aufgabe zu erfüllen haben."

„Waaas?", rief Jan entsetzt. Ausgerechnet hier sollte er eine wichtige Aufgabe erfüllen, wo er doch gerade nichts lieber wollte, als von hier zu verschwinden?

„Ich will aber nicht!", maulte der Zauberlehrling. „Ich würde hundertmal lieber der Spukgestalt begegnen, als noch einmal durch diese Brille schauen."

„Dein Wunsch ist mir Befehl“, sagte Eliphas in einem Ton, der keinen Widerspruch duldete. „Jetzt setze die Brille auf.“

Gehorsam schob der Enkel die Brille auf die Nase. Das Bild, das er sah, zeigte einen Schatten, der sich auf leisen Sohlen dem Soldaten näherte. Das musste derjenige sein, der hinter dem Stein gewartet hatte. Der Mann berührte den Soldaten leicht, aber der Verwundete rührte sich nicht. Es war unschwer zu erkennen, dass er nicht mehr lebte.

Der Schattenmann ging auf die Knie und machte sich an der Kleidung des Soldaten zu schaffen. Selbst von seiner Position aus konnte Jan erkennen, dass der tote Soldat in diesem Moment beraubt wurde.

Ein Jubellaut kündete davon, dass der Dieb fündig geworden war. Langsam stand der auf, schüttelte den prall gefüllten Beutel, dass die Münzen nur so klimperten, steckte ihn ein, und machte sich in Windeseile aus dem Staub.

Die Bilder verschwanden, und die Brille zeigte nur noch den einfachen Quarzitstein.

„Erkennst du deine Aufgabe?“, fragte der Zaubermeister. „Du bist nämlich nicht zufällig hier gelandet, sondern du wurdest von unserem Zauberer „VonOrtzuOrt“ geleitet.“

Als er seinen Namen hörte, lüftete „VonOrtzuOrt“ kurz den Umhang, der ihn unsichtbar machte, verschwand aber sofort wieder, als er ihn fallenließ.

„Ich habe kapiert“, sagte Jan mutig, „und ich werde mein Bestes geben.“ Aber ihm war natürlich mulmig zumute.

„Braver Junge!“

Eliphas hätte nicht stolzer auf seinen Enkel sein können als in diesem Augenblick. „Nun setze deinen Weg fort. Ich wünsche dir Mut und Glück.“

Die Brille wurde dunkel, Jan schaltete sie aus und legte sie vorsichtig auf den Grund des Rucksacks zurück. Von jetzt an wäre er zwar allein, aber sein Großvater würde ihn niemals einer Gefahr aussetzen. Außerdem gab es noch den Zauberer „VonOrtzuOrt", der zwar unsichtbar blieb, aber dennoch auf ihn aufpasste.

Festen Schrittes setzte Jan seinen Weg fort und wartete darauf, dass der Geist sich endlich zeigte. Trotz aller Vorsichtsmaßnahmen von Eliphas wollte er seine Aufgabe so schnell wie möglich erledigen. Man konnte ja nie wissen ...

Der Weg nahm allerdings eine Menge Zeit in Anspruch, denn der Zauberlehrling schaute hinter jeden Quarzitblock, um den Geist so früh wie möglich zu entdecken. Aber der zeigte sich nicht.

„Dann eben nicht", dachte Jan, als er merkte, dass er langsam den Stinkenberg verließ und sich einem Dorf näherte. Links von ihm gab es zwar noch einen letzten Felsblock, aber was sollte sich da noch tun. Achtlos ließ er den also links liegen, als ihm plötzlich jemand von hinten auf die Schulter klopfte. Da fiel dem Zauberlehrling das Herz in die Hose. Er stieß einen leisen Schrei aus, drehte sich aber dennoch um.

Vor ihm stand der Geist eines uralten Mannes mit einem Beutel Geld in der Hand, den er Jan entgegenstreckte. Der wusste, dass jetzt die Zeit gekommen war, um den Auftrag des Eliphas zu erfüllen.

Zaghaft griff er nach dem Diebesgut, doch als er es berührte, zerfielen sowohl die Münzen als auch der Geist zu Staub. Und aus dem Staub formte sich eine weiße Wolke, die zum Himmel aufstieg. Die Seele des Mannes hatte Erlösung gefunden. Endlich konnte der spukende Geist in der Ewigkeit seine Heimat finden.

„Damit hast du dem großen Eliphas alle Ehre gemacht", sagte eine unsichtbare Stimme. „Der Mann hat lange genug gebüßt!"

„Danke, Zauberer 'VonOrtzuOrt'", antwortete Jan zufrieden, weil er seine erste Aufgabe so gut gemeistert hatte.

Auf dem Stinkenberg ward der Geist aber niemals wieder gesehen.

Auf dem Rücken des Stinkenbergs liegen ein paar riesige Quarzitblöcke. Der größte von ihnen ist vier Meter lang und drei Meter breit. Er diente früher den Heiden als Altar, auf dem sie ihren Göttern Opfer darbrachten. Hier wurde das Opfertier geschlachtet und anschließend die Eingeweide zu Ehren des Heidengottes verbrannt.

Als einst der heilige Suitbert einem solchen Opfer beiwohnte, nannte er das heidnische Opfer stinkend, weil die Verbrennung der Eingeweide entsetzlich stank. So kam der Berg, den die Heiden Kecksberg genannt hatten, zu dem Namen Stinkenberg.

Die korrekte Namensbezeichnung des Berges ist „Stienkenberg", das bedeutet „Steinchenberg". Er beruht auf einem Witz der Bevölkerung, die die riesigen Steinblöcke spaßeshalber als „Steinchen" bezeichnet hat.

Das Zeichen Gottes von der Mühlenstraße

Die Magd Caroline tänzelte singend durch das Haus ihrer Herrschaft. Diese war den ganzen Tag außer Haus, und die junge Frau hatte ihr Tagewerk beinahe erledigt. Nun musste sie nur noch das Silber putzen. Dazu ging sie in die Küche und zündete ein Licht an, denn der Abend war bereits hereingebrochen. Bevor sie sich setzte und mit ihrer Arbeit begann, öffnete sie noch rasch das Fenster, weil das Putzmittel scheußlich roch.

Bei ihrer Arbeit ging Caroline recht vorsichtig zu Werke, kannte sie doch die Herrin des Hauses. Denn wenn die übel gelaunt war, dann konnte es passieren, dass sie einen schneeweißen Handschuh anzog und so lange das geputzte Silber befingerte, bis sie tatsächlich noch einen klitzekleinen Rückstand des Putzmittels fand. Dann brach ein Donnerwetter los, das sich gewaschen hatte.

Bei dem Gedanken daran seufzte die Magd leise auf, als sich plötzlich jemand räusperte und vorsichtig an das geöffnete Fenster klopfte. Erschrocken schaute sie auf, war es doch mittlerweile stockdunkel geworden, und die Straßenlaternen leuchteten nur sehr spärlich.

Sie blickte in das freundliche Gesicht eines Pilgers.

„Könnt Ihr mir sagen, wo ich eine Gaststätte und ein Nachtlager finden kann?“, fragte der Mann. „Ich habe eine Wallfahrt nach Santiago de Compostela hinter mich gebracht. Jetzt bin ich zurück in meiner Geburtsstadt Düsseldorf und rechtschaffen müde.

„Das könnte ich zwar, aber es ist mir bei Strafe verboten, mit Fremden zu reden“, entgegnete Caroline schnippisch, stand auf und schloss nicht nur das Fenster, sondern zog auch noch die Gardine zu.

Bevor sich der fromme Mann über so viel Unfreundlichkeit wundern konnte, vernahm er einen leisen Hilferuf ganz aus der Nähe. Er sah sich um, und da seine Augen sich mittlerweile an die spärliche Beleuchtung gewöhnt hatten, sah er in einem Hauseingang einen Mann liegen.

Er rannte zu ihm, nahm noch im Laufen seinen Rucksack ab und holte Verbandsmaterial heraus. Es war Eile geboten, denn der Mann schien schwer verletzt zu sein.

Doch als der Pilger anfing, dem Verletzten die tiefen Wunden zu verbinden, röchelte der: „Guter Mann, das hat keinen Zweck mehr. Mir kann niemand mehr helfen.“

Er hustete. Mit allerletzter Kraft fuhr er fort: „Bringt euch lieber selbst in Sicherheit! Ihr seid in Gefahr! Die Mörder sind noch unter uns und nicht weit fort. “

„Niemals lasse ich Euch allein, Herr!“, rief der Helfer und setzte seinen Rettungsversuch fort. Aber all seine Bemühungen waren vergeblich, denn nur kurze Zeit später hauchte der Verletzte sein Leben aus.

Es dauerte keine Minute, als zwei Männer aus einer dunklen Ecke der Straße angestürmt kamen. Sie packten den frommen Mann und schrien aus Leibeskräften: „Mörder! Du hast unseren Onkel ermordet! Mörder! Mörder! Zu Hilfe!“

Wie auf Kommando gingen jetzt in den umliegenden Häusern die Lichter an, die Fenster und die Haustüren öffneten sich, und die Gaffer kamen herausgestürmt. Und wenig später trafen auch zwei Gendarmen vor Ort ein und nahmen den Pilger ohne viel Federlesens fest.

Nur das Haus, in dem Magd Caroline Silber geputzt hatte, war während der Ereignisse dunkel und verschlossen geblieben. Allein sie hätte noch zugunsten des Gefangenen aussagen können, hatte sie den ganzen Aufruhr hinter der Gardine doch stehend beobachtet. Aber sie schwieg – und schämte sich für ihre Feigheit und Unterwürfigkeit.

„Kann es wirklich sein", fragte sie sich, „dass ich für eine Arbeit bei schlechtgelaunten Herrschaften sogar in Kauf nehme, dass ein Unschuldiger verhaftet und vielleicht verurteilt wird?" Sie wurde tiefrot und drehte sich weg vom Fenster, so, als hätte jemand sie sehen können. Aber sie kam sich richtig schäbig vor. Trotzdem brach sie ihr Schweigen nicht. Ihre Arbeit war ihr mehr wert als die Unschuld des Pilgers. Dieser Abend sollte ihr noch lange Zeit auf dem Gewissen liegen und immer wieder die Schamesröte ins Gesicht treiben.

„Gestehen Sie", sagte der erste Gendarm noch in der gleichen Nacht auf dem Revier zu dem Gefangenen. „Schaut Euch doch bloß mal an! Ihr seid blutverschmiert. Alles spricht gegen Euch!"

„Deshalb habe ich noch lange nicht gemordet", verteidigte sich der Pilger. „Ich kannte den Mann doch gar nicht. Weshalb hätte ich das tun sollen? Ich habe ihn verbunden, deshalb befindet sich das Blut auf meiner Kleidung." Dann erzählte er zum dritten Mal seine Version der Geschichte.

Der zweite Gendarm hörte gelangweilt zu und meinte dann nur gähnend: „Genug jetzt! Ihr könnt uns allen noch etwas Nachtschlaf gönnen und gestehen. Wir haben hier doch die Zeugenaussagen zwei der angesehensten Bürger dieser Stadt. Warum sollten die lügen? Der Tote ist ihr Onkel, und sie trauern sehr um ihn."

Aber der fromme Mann blieb bei seiner Aussage, beteuerte immer wieder seine Unschuld, aber keiner wollte ihm glauben. Sein Wort stand gegen das zweier hochgestellter Bürger, und er war hier völlig unbekannt. Da hatte er schlechte Karten.

Dem Pilger wurde bald der Prozess gemacht. Obwohl er immer und immer wieder seine Unschuld beteuerte, wurde er schuldig gesprochen. Das Urteil lautete: Tod durch den Strang. Während der treuherzige, fromme Mann ergeben im Gefängnis auf seine Hinrichtung wartete, betete er täglich inbrünstig zu einem Marienbild, das sich vor seiner Gefängniszelle befand.

Als es schließlich soweit war, erhielt er vor der Hinrichtung noch eine üppige Henkersmahlzeit. Danach wurde ein Priester zu ihm geschickt, um ihm die letzte Beichte abzunehmen.

„Ich habe nichts zu beichten, Gott ist mein Zeuge“, sagte der Pilger. „Ihr könnt wieder gehen.“

„Willst du nicht doch noch vor deinem Tod dein Gewissen erleichtern und den Mord gestehen?“, fragte der Geistliche ungläubig. „Dann wirst du den Eintritt ins Jenseits schaffen.“

„Du sollst nicht lügen“, antwortete der Pilger, wandte sich zum Fenster, kniete demütig nieder und betete zu dem Marienbild, wie er es schon so oft in den letzten Tagen getan hatte.

Der Priester rief daraufhin die Henkersknechte herbei, damit sie ihres Amtes walten konnten. Er hatte seine Arbeit hier verrichtet.

Aber gerade als die Henker Hand an den knieenden Pilger legen wollten, geschah etwas Ungeheuerliches:

Die Muttergottes des Marienbildes erstrahlte plötzlich in einem überirdisch hellen Licht und ein süßer, wohlriechender Duft zog durch die karge Zelle.

„Im Namen Jesu: Gehe hin in Frieden“, sagte eine glockenhelle, weibliche Stimme zu dem schuldlos zum Tode verurteilten Mann. „Wer auf Gott vertraut, der wird gerettet werden!“

Die Anwesenden staunten nicht schlecht, als sich nach diesen Worten wie von Zauberhand die Ketten des gefangenen Pilgers öffneten und klirrend zu Boden fielen.

Nach diesem göttlichen Zeichen glaubte nun auch der letzte Zweifler, dass der Pilger unschuldig war. Sofort wurde er in die Freiheit entlassen, wo er Gott und der Jungfrau Maria für ihre Hilfe dankte.

Es dauerte keine Stunde, da hatte man die falschen Zeugen ausfindig gemacht, bevor sie fliehen konnten. Sie waren nämlich die Einzigen, die überhaupt ein Motiv für den Mord an ihrem Onkel hatten. Und bald gestanden sie, dass sie ihren reichen Onkel wegen seines Geldes ermordet hatten. Dafür wurden nun sie selbst in die Gefängniszelle gesteckt.

Das Marienbild, zu dem der Pilger betete, ist unter dem Namen „Maria in Not" bekannt. Es befand sich im alten Ratinger Tor an der Mühlenstraße.

Lange Zeit diente der südliche Teil des Gebäudes als Stadtgefängnis. Wenn die Gefangenen aus ihren Zellen blickten, so konnten sie das Bild der heiligen Jungfrau sehen und zu ihr beten. Das Bild zeigte die sitzende Maria, das Zepter in einen Hand, das stehende Jesuskind in der anderen haltend.

Das alte Ratinger Tor wurde 1808 bei der Anlage der heutigen Heinrich-Heine-Allee und der Erweiterung der Ratinger Straße abgerissen. Das neue Stadttor wurde 1811 bis 1815 als Ersatz für das alte etwas versetzt, am Rand der Altstadt, erbaut. Heute gilt das Ratinger Tor als das letzte erhaltene Düsseldorfer Stadttor.

Ende

Düsseldorfer Märchen